Tiere und Pflanzen kennenlernen

Lehrererzählungen – Arbeitsblätter – Lehrerinformationen

Inhaltsverzeichnis

Tierarten

Pflanzenarten

AF138837

Vorwort zur Neuauflage 2015

Gießen, im Januar 2015

Immer wieder erreichten und erreichen uns Anfragen nach dem Band „Tiere und Pflanzen kennenlernen" von KARL-HEINZ BERCK und DIETER ERBER. Das Werk ist 1997 im Selbstverlag erschienen, hatte eine Neuauflage erlebt und war über mehrere Jahre nicht verfügbar. Beide Autoren leben nicht mehr und können entsprechend das Werk nicht neu auflegen. DIETER ERBER verstarb im Jahr 2004, KARL-HEINZ BERCK 2014.

Jetzt haben wir uns dazu entschlossen, das Buch erneut interessierten Lehrerinnen und Lehrern zugänglich zu machen. Gründe dafür sind:

- Die in dem Werk gegebenen Anregungen sind nach wie vor originell und interessant.
- Die vorgeschlagene Erzählmethode kann auch den modernen – die Schüleraktivitäten in den Mittelpunkt stellenden - Unterricht kontrastierend und ergänzend bereichern.
- Die Auseinandersetzung mit Arten deckt einen wichtigen Inhalt ab, zu dem aktuell kaum veröffentlichte Unterrichtsvorschläge vorliegen.
- Das Buch stößt nach wie vor auf großes Interesse.

Die Texte wurden komplett an die neue Rechtschreibung angepasst. Druckfehler wurden korrigiert. An den Stellen, an denen Angaben gemacht wurden, die mittlerweile veraltet sind, haben wir Aktualisierungen vorgenommen - ansonsten aber den Charakter des Werkes belassen - es ist nach wie vor ganz die intellektuelle Leistung von KARL-HEINZ BERCK und DIETER ERBER.

Die Autoren weisen in ihrem Vorwort darauf hin, dass die Vermittlung von Artenkenntnissen und die Auseinandersetzung mit Arten Anregungsfaktoren für naturschützerisches Verhalten sein können; dieser Aussage ist auch heute nichts hinzuzufügen, sie stimmt nach wie vor (ein Überblick über die neuere empirische Belegsituation findet sich z. B. bei BERCK/GRAF 2010).

Als das Buch kurz vor der Jahrtausendwende zum ersten Mal erschienen ist, wurden Tier- und Pflanzenarten im Biologieunterricht kaum thematisiert. Die Autoren hatten seinerzeit die Hoffnung, dass sich dies in naher Zukunft ändern würde. Bestätigt hat sich diese allerdings nicht. In den, den entsprechenden Lehrplänen der Bundesländer zugrundeliegenden, „Standards für den mittleren Bildungsabschluss - Biologie" (KMK 2005) kommen im Bereich der

Fachkompetenzen ausschließlich die Zielbegriffe „System", „Struktur und Funktion" und „Entwicklung" vor. Diese können als drei der vier Dimensionen angesehen werden, in die man die Wissenschaft „Biologie" aufteilen kann (vgl. CAMPBELL/REECE 2006). „System" entspricht hiernach der Dimension „Strukturebenen", „Struktur und Funktion" der Allgemeinen Biologie und „Entwicklung" der Zeitdimension. Die Dimension der Speziellen Biologie, in deren Zusammenhang die Auseinandersetzung mit Arten einzuordnen ist, fehlt also vollständig. Entsprechend müssen in diesem Bereich in der Sekundarstufe I keine Kompetenzen aufgebaut werden. Es darf bezweifelt werden, ob ohne Auseinandersetzung mit Fragen der Speziellen Biologie ein angemessenens Bild der Biologie und der Biodiversität aufgebaut werden kann. KARL-HEINZ BERCK (2009) hat dieses Manko in einer seiner letzten Veröffentlichungen als „Verarmung" vehement beklagt und ein überzeugendes Plädoyer für die Vermittlung von Artenkenntnissen in der Sekundarstufe I abgegeben.

Etwas besser sieht es im Sachunterricht der Grundschulen aus. Im einflussreichen, von der Gesellschaft für Didaktik des Sachunterrichts herausgegebenen, „Perspektivrahmen Sachunterricht" (GDSU 2013) findet sich innerhalb der naturwissenschaftlichen Perspektive im Themenbereich „Belebte Natur" immerhin das Ziel, „typische Pflanzen und Tiere in verschiedenen Biotopen beschreiben, erkennen, benennen und unterscheiden"(S. 45) zu können.

Mit der Wiederveröffentlichung von „Tiere und Pflanzen kennenlernen" wollen wir auch an die Autoren hochachtend erinnern, die beide über Jahrzehnte die Biologielehrerausbildung in Gießen und darüber hinaus maßgeblich mitgestaltet haben und denen viele heutige Biologielehrer und –lehrerinnen ihre biologiedidaktische „Prägung" verdanken.

Bedanken möchte ich mit bei Frau HEIKE SEMMLER für die Durchsicht der Texte und bei Frau YVONNE ABEL für die Erstellung der Druckvorlagen.

Prof. Dr. DITTMAR GRAF

Institut für Biologiedidaktik der Justus-Liebig-Universität Gießen

Prof. Dr. KARL-HEINZ BERCK (1932 – 2014) Dr. DIETER ERBER (1933 – 2004)

Herstellung und Verlag:
BoD - Books on Demand, Norderstedt
ISBN 978-3-7347-8377-7

VORWORT

<u>Zur Situation</u>

Über Jahrzehnte hat die Vermittlung von Kenntnissen über Tier- und Pflanzenarten ("Artenkenntnissen") weite Teile des Biologieunterrichts in der Primarstufe
und Sekundarstufe I beherrscht. Einerseits war dies bei der schnellen Entwicklung wichtiger biologischer Kenntnisse zu einseitig, andererseits hat dieser
Unterricht auch wohl kaum bewirkt, was er bewirken wollte: Bei möglichst vielen
Schülern "Naturverbundenheit" und Interesse an Tier- und Pflanzenarten zu
wecken. Als Reaktion enthielten die Lehrpläne, die aufgrund der Curriculum
Reform entstanden sind, kaum mehr Themen, die sich auf die Vermittlung von
Artenkenntnissen bezogen.

Vor einigen Jahren hat man eingesehen, dass dies eine Überreaktion war
(JANSSEN 1993). Besonders im Zusammenhang mit der zunehmenden Bedeutung
von Umwelt- und Naturschutz wurde klar, dass wir in unserer Gesellschaft genügend Menschen benötigen, die Tier- und Pflanzenarten kennen. Für die kon-
krete Umsetzung von Natur- und Umweltschutz spielen die Mitglieder privater
Verbände heute eine, wenn nicht die entscheidende Rolle. Dies ist aber nur ein
Grund, weshalb man dieser Aufgabe wieder größere Beachtung schenkt.

<u>Biologiedidaktische Voraussetzungen</u>

Jedem Lehrenden, der Kindern und Jugendlichen heute "Artenkenntnisse" vermitteln will, stellen sich unter anderem folgende Fragen:

1. Wozu soll man überhaupt solche Kenntnisse anderen Menschen, die keine
   Biologen werden wollen, beibringen?

2. Welche Tier- und Pflanzenarten soll man dafür auswählen?

3. Gibt es allgemeine Bedingungen, die das Interesse an Arten fördern können?

4. Gibt es eine Lebensphase, in der solche Bemühungen besonders erfolg-
   versprechend sind?

5. Welches sind dafür geeignete, effektive Unterrichtsmethoden?

Nun soll dazu hier keine lange Abhandlung folgen, obwohl dies zu einigen
Punkten auch aufgrund empirischer Befunde durchaus möglich wäre (s. zum Beispiel die Sammelbände von MAYER 1992, 1995; BERCK & KLEE 1992, mit einer

Auflistung der bis zu diesem Zeitpunkt vorliegenden einschlägigen Publikationen). Zur ersten Orientierung werden nur einige wichtig erscheinende Befunde mitgeteilt.

1. Für die meisten Menschen haben Artenkenntnisse heute keine praktische Bedeutung mehr. Es wird aber eine Vielzahl einleuchtender und weniger einleuchtender indirekter Begründungen dafür angegeben, warum Menschen Tier- und Pflanzenarten kennen sollten. Die wichtigsten sind:

   - Viele Menschen halten sich in der Natur zur psychischen Entspannung auf, aus Freude an der Natur; Kenntnis von Arten ist eine emotionale und ästhetische Bereicherung.

   - Für Viele nimmt Freizeit einen immer größeren Raum ein; Beschäftigung mit Lebewesen kann eine sinnvolle Freizeitbeschäftigung sein.

   - Kenntnis von Arten führt zu einem allgemeinen Interesse an Biologie, speziell an Ökologie.

   - Interesse an Arten führt bei vielen Menschen zu einer schützenden Einstellung (SCHERF 1986) und zu aktivem Handeln im Naturschutz; dies sind die unseres Wissens bislang am sichersten empirisch belegten Begründungen.

2. Zwar gibt es Befragungen von Biologiedidaktikern sowie von anderen Lehrenden und daraus entwickelte Listen, welche Arten Schüler kennen sollten. Doch dürfte gerade diese Auswahl entscheidend von lokalen Gegebenheiten abhängen. Man kann vorschlagen, dass es gerade nicht Arten sein sollten, über die die meisten Schüler bereits etwas wissen. Vielmehr sollte es sich um Arten handeln, denen einerseits die Schüler und Schülerinnen dann auch wirklich draußen begegnen können und die andererseits neue "spannende" Gesichtspunkte eröffnen.

3. Empirische Erhebungen bei Erwachsenen, die sich intensiv mit Arten beschäftigen, lassen erkennen, welche Anregungsfaktoren dafür besonders wichtig waren. Es sind in hohem Maße: Eigene Naturbegegnungen (wobei noch kaum bekannt ist, wie diese konkret gestaltet sind), Lesen von Büchern über Tiere und Pflanzen, Mitarbeit im Naturschutz und das Betrachten von Naturfilmen. Übrigens gibt es kaum Belege dafür, dass die Beschäftigung mit "Heimtieren" nachhaltiges Interesse an freilebenden Arten hervorruft.

   Ein weiteres interessantes Ergebnis ist, dass es kaum Menschen gibt, die sich global für alle Lebewesen draußen interessieren.

Auf die Schule angewandt bedeutet dies u.a.: Die Lehrerin/der Lehrer sollten Naturbegegnungen ermöglichen - zum Beispiel indem sie mit ihren Schülern Exkursionen machen oder ihre Schüler anregen, sich der Jugendgruppe eines Naturschutzverbandes anzuschließen; in jeder Klasse sollte eine Handbücherei mit entsprechenden Büchern, auch Bestimmungsbüchern, zur Verfügung stehen. Und es ist wahrscheinlich am effektivsten, wenn Schüler beginnen, sich mit einer bestimmten Gruppe von Lebewesen genauer zu beschäftigen.

4. Es gibt offensichtlich eine Lebensphase, in der neben anderen Interessen auch die Neigung, sich mit Tieren und/oder Pflanzen zu beschäftigen, bevorzugt entsteht. Menschen, die sich als Erwachsene nachhaltig mit Arten beschäftigen, sagen zu fast 50 % aus, dass sie damit vor dem 10. Lebensjahr begonnen haben; bis zum 15. Lebensjahr sind es sogar 67 %.

   Dies bedeutet, dass Grundschullehrerinnen und -lehrer eine ganz besondere Verantwortung dafür haben, dass den Schülern solche Kenntnisse und entsprechende positive Emotionen nicht vorenthalten werden! Dies gilt besonders auch dann, wenn Lehrpläne eine solche Schulung nicht vorsehen.

5. Für das Kennenlernen von Tier- und Pflanzenarten gibt es eine Vielzahl von Unterrichtsmethoden. Deren Effektivität wurde unseres Wissens jedoch nur teilweise überprüft. Aus der Vielzahl dieser Methoden werden die u.E. wichtigsten genannt, wobei in Klammern etwas über ihre Wirkung auf ein nachhaltiges Interesse ausgesagt wird, soweit dies bekannt ist:

   - Verschiedene Formen des Freilandunterrichts (unter genau festgelegten Bedingungen meist positive Wirkung),
   - Kombinationen zwischen Klassen- und Freilandunterricht (positive Wirkung)
   - Besuch von Museen, zoologische Gärten usw. (eher negative Wirkung),
   - Sammeln von Pflanzen und "Teilen" von Tieren, wie Federn, Nester (?),
   - Anlegen eines Herbars (?),
   - Ausstellung von Arten im Klassenraum (unterschiedliche Befunde),
   - Spiele wie Quartett, Memory, Rätsel (?),
   - Vorstellung von Arten im Rahmen der Fünf-Minuten-Biologie - dazu auch die "Erzähl-Methode" (?).

Effektivität

Fast alle der folgenden vierzig Beispiele sind in mehreren Klassen erprobt worden. Zusätzlich haben wir die Effektivität des Lernerfolgs überprüft (BERCK/ERBER 1993). In sechs Klassen des dritten und dreizehn Klassen des vierten Schuljahres (n = 534) wurden Schülerarbeitsblätter ausgewertet (Haupttest). Ohne Wiederholung oder Übung wurde etwa drei Wochen nach der Bearbeitung ein unangekündigter Nachtest durchgeführt, der zeigen sollte, inwiefern mit den Arbeitsblättern bereits getestetes Wissen behalten wurde. Dabei wurden je zwei Aufgaben aus jedem Arbeitsblatt in sprachlich veränderter Form zusammengefasst.

Beim Haupttest erreichten 31 % der Schüler zwischen 91 und 100 % der möglichen Punkte, insgesamt 86 % der Schüler mehr als 50 %; in keinem Fall lag der Wert unter 10 % der möglichen Punktzahl.

Beim Nachtest zeigte sich, dass sich das abgefragte Wissen gegenüber dem Haupttest nur wenig verändert hatte: 15 % der Schüler erzielten zwischen 91 und 100 % der möglichen Punkte, 85 % der Schüler mehr als die Hälfte der Höchstpunktzahl. Alle Schüler hatten 10 % der Aufgaben richtig beantwortet.

Diese (und ähnliche) Befunde legen den Schluss nahe, dass mit der Erzählmethode bemerkenswerte Lernergebnisse erzielt werden können. Allerdings liegen keine vergleichenden Untersuchungen mit anderen Methoden zur Vermittlung von Artenkenntnissen vor.

Durchführung im Unterricht

Es soll ausdrücklich hervorgehoben werden, dass die hier vorgeschlagene Methode verschiedene Möglichkeiten der unmittelbaren Begegnung mit Tieren und Pflanzen keineswegs ersetzen soll. Sie kann aber dort angewandt werden, wo dies aus räumlichen (Stadtschulen) und zeitlichen Gründen nicht möglich ist oder entsprechende Erfahrungen fehlen.

Die folgenden Artendarstellungen sind ganz besonders - aber nicht nur! - für Lehrerinnen und Lehrer gedacht, die die Notwendigkeit der Vermittlung von Artenkenntnissen bejahen, aber dazu nicht die nötigen Fachkenntnisse erwerben konnten.

Die Beispiele können und sollen zur gezielten Vermittlung von Artenkenntnissen, unabhängig vom gerade behandelten Unterrichtsthema, bearbeitet werden. In der Regel werden dafür 10-20 Minuten benötigt.

Jedes Beispiel umfasst Lehrererzählung, Schüler-Arbeitsblatt und zusätzliche Informationen für die Lehrerin/den Lehrer; bei den "Lehrerinformationen" ist erneut vor allem an solche Lehrenden gedacht, die weniger Kenntnisse in Biologie haben. Die Aufgaben des Schüler-Arbeitsblattes beziehen sich fast ausschließlich unmittelbar auf Inhalte der Lehrererzählung. Ein "Lösungsblatt" soll ebenfalls allen dienen, die sich weniger in diesem Bereich auskennen.

Diese Methode eignet sich nach unserer Erfahrung besonders gut für Grundschüler, aber auch noch für Schüler der 5. Klasse. Diese Schüler hören gerne Geschichten. Lehrerinnen/Lehrer sollten versuchen, die Beispiele wirklich zu erzählen - auch wenn sie dabei etwas von dem vorgegebenen Text abweichen.

Bei der Abfassung der Lehrererzählungen haben wir uns bemüht, Prinzipien, die z.B. ASCHERSLEBEN (1986) vorgeschlagen hat, zu beherzigen:
- Möglichst kurze Sätze,
- Vermeidung unnötiger Fremdwörter (bzw. unbekannter Begriffe),
- Beginn des Vortrags mit einem "Aufhänger" (möglichst sollte eine interessante Besonderheit dargestellt werden),
- direktes Ansprechen der Schüler,
- Vortragsdauer fünf bis höchstens zehn Minuten.

Inhaltlich stellt sich das Problem, einen angemessenen Informationsgehalt mit einer gewissen Spannung zu vereinen. Der Einstieg mit der Darstellung eines Erlebnisses oder einem bemerkenswerten Ereignis aus dem Leben eines Tieres bietet den Schülern (vielleicht) die Möglichkeit einer gewissen Identifizierung.

Wo immer möglich, sollte die Bearbeitung der Beispiele durch (weitere) Anschauungsmaterialien, wie Originalobjekte, Bilder (z.B. Naturkundliche Tafeln von CRAMER, 1957-1962; Rollbilder der Fa Hagemann), Präparate ergänzt werden. Mit Originalobjekten können auch zusätzlich kleine Untersuchungen durchgeführt werden (z.B. "Juckpulver" aus Hagebutten, Fliegenlassen von Löwenzahnfrüchten, Fettnachweis bei Bucheckern durch Auspressen).

Artenkenntnis statt Formenkenntnis

"Eine Meise ist keine Meise - und ein Farn ist kein Farn." Es besteht in der Tat ein großer Unterschied zwischen einer Kohlmeise und einer Haubenmeise, einem Pfauenauge und einem Zitronenfalter. Denkt man z.B. an das Sammeln von Pilzen, wird sofort deutlich, dass es lebensgefährlich wäre, nicht genau bestimmte Arten zu kennen. Auch eine bedrohte Art zu schützen setzt voraus, dass man genau diese Art kennt.

Wir sind u.a. deshalb der Meinung, dass es richtig ist, im Unterricht die Kenntnis von bestimmten Arten zu vermitteln - und nicht global von "Formen" wie "Ameisen". Freilich wird man bei artenreichen Gruppen besonders darauf achten, dass man neben der Darstellung der einen oder anderen typischen Art die Merkmale der Gruppe (Käfer, Wanzen) genau darstellt.

Die meisten Grundschüler eignen sich übrigens u.W. solche Kenntnisse mit einem erstaunlichen Interesse, man möchte fast sagen mit Begeisterung, an.

Abendsegler

Lehrererzählung

Bestimmt habt ihr schon einmal euer eigenes Echo gehört. Alle Geräusche, die ihr macht, werden dann z.b. von einer Wand zurückgeworfen und ihr hört sie wieder. Es gibt Tiere, die sich mit Hilfe des Echos zurechtfinden, so wie wir es mit Augen und Ohren tun: die Fledermäuse.

Zu den Fledermäusen gehört der Abendsegler. Er ist eine unserer häufigsten Fledermäuse. Der Abendsegler geht nur abends auf Jagd nach Insekten. Dabei fliegt er pfeilschnell - ähnlich wie Schwalben - durch die Luft. Obwohl der Abendsegler weder gut sehen noch riechen kann, fängt er auf diese Weise seine Nahrung. Dies kann er, weil er beim Fliegen ununterbrochen Rufe ausstößt. Wir können diese Rufe nicht hören, weil unsere Ohren nicht so empfindlich sind. Treffen die Rufe des Abendseglers auf ein Insekt, so werden sie zurückgeworfen und der Abendsegler hört die Echos. Blitzschnell fliegt er dann dorthin, wo die Echos herkommen und fängt das Insekt. Auch Hindernisse werden so von Fledermäusen erkannt, sodass sie ihnen schnell ausweichen können.

Tagsüber schlafen Abendsegler in Baumhöhlen oder auf Dachböden. Sie hängen dort mit dem Kopf nach unten z.B. an Balken. Dabei wickeln sie sich in ihre Flügel ein, die aus langen Knochen bestehen, über die eine Haut gespannt ist. Fledermäuse sind nämlich keine Vögel, sondern Säugetiere wie z.B. Kühe, Hunde und Hausmäuse. Wie diese Tiere besitzen auch die Fledermäuse ein Fell.

Im Herbst, sobald es kälter wird, suchen die Fledermäuse ein frostgeschütztes Versteck auf. Zum Beispiel in alten Bergwerksstollen und tiefen Höhlen halten sie dann den ganzen Winter über ihren Winterschlaf und wachen erst im März wieder auf. Wenig später bringt das Weibchen ein Junges zur Welt. So wie es alle Säugetiere tun, wird auch der junge Abendsegler von der Mutter mit Milch gesäugt. Nach einigen Wochen geht er dann selbst auf Insektenjagd.

Abendsegler

<u>Schüler-Arbeitsblatt</u>

(1) Fledermäuse stoßen
    in einem dunklen Raum nirgendwo an - auch wenn man ihnen die Augen
    verdeckt hat. Erst wenn man ihre Ohren verstopft, finden sie sich nicht mehr
    zurecht. Wie kommt das?

    _____

    _____

    _____

    _____.

(2) Welches ist der wichtigste Grund dafür, dass Fledermäuse bei uns Winterschlaf
    halten?

    _____

    _____

    _____

    _____.

(3) Früher gab es so viele Fledermäuse, dass man mit ihren Federn sogar
    Deckbetten und Kissen füllte.
    Kann das stimmen? Begründe Deine Antwort!

    _____

(4) Warum jagen Abendsegler so gerne im Licht von Straßenlampen?
    Kreuze die richtige Antwort an
    [ ]   weil es dort viele Insekten gibt,
    [ ]   weil sie dort ihre Beute besser sehen können,
    [ ]   weil sie gerne im hellen Licht jagen,
    [ ]   weil sie die Wärme unter den Lampen aufsuchen.

Abendsegler

Schüler-Arbeitsblatt

(1) Fledermäuse stoßen

in einem dunklen Raum nirgendwo an - auch wenn man ihnen die Augen verdeckt hat. Erst wenn man ihre Ohren verstopft, finden sie sich nicht mehr zurecht. Wie kommt das?

Fledermäuse orientieren sich nicht mit den Augen, sondern mit Hilfe des Echos.

Sie stoßen Schreie aus, deren Echo von einem Gegenstand zurückgeworfen wird.

Dieses Echo hören sie. Verstopft man ihre Ohren, so können sie das Echo ihrer

Schreie nicht mehr hören.

(2) Welches ist der wichtigste Grund dafür, dass Fledermäuse bei uns Winterschlaf halten?

Unsere Fledermäuse ernähren sich ausschließlich von fliegenden Insekten.

Da es im Winter kaum solche Insekten gibt, müssten die Fledermäuse verhungern. Dem entgehen sie durch einen langen Schlaf, bei dem sie wenig Nahrung benötigen.

(3) Früher gab es so viele Fledermäuse, dass man mit ihren Federn sogar Deckbetten und Kissen füllte.

Kann das stimmen? Begründe Deine Antwort!

Das ist natürlich falsch, well Fledermause keine Federn haben.

(4) Warum jagen Abendsegler so gerne im Licht von Straßenlampen?

Kreuze die richtige Antwort an

[X] weil es dort viele Insekten gibt,

[ ] weil sie dort ihre Beute besser sehen können,

[ ] weil sie gerne im hellen Licht jagen,

[ ] weil sie die Wärme unter den Lampen aufsuchen.

Lehrerinformation

Die weitaus meisten Fledermäuse leben nicht bei uns, sondern in den Tropen. Die einheimischen Arten teilt man in die Familien der Glatt- und der Hufeisennasen ein. Abendsegler und Kleinabendsegler gehören zur Familie der Glattnasen.

Die Fledermäuse stellen als fliegende Säugetiere etwas Besonderes dar. Sie sind weder Mäuse noch Vögel. Am nächsten stehen sie den Insektenfressern.

Der Abendsegler heißt auch Frühfliegende Fledermaus, da er am frühen Abend oder schon am späten Nachmittag zu jagen beginnt. Seine Beute besteht hauptsächlich aus größeren Insekten, also Schwärmern und größeren Käfern. Er hat rund 7,5 cm Körperlänge, 5 cm Schwanzlänge, ist etwa 15-40 g schwer und hat eine Flügelspannweite von 34-38 cm. Das glatt anliegende, seidig glänzende Fell ist rötlichbraun gefärbt, die kräftigen Flughäute schwärzlich braun. Schnauze und Ohren sind kräftig, kurz, breit und rundlich. Sein Verbreitungsgebiet liegt in NW-Afrika, Europa und Asien; er kommt in ganz Deutschland vor.

Die langen, verhältnismäßig schmalen Flügel kennzeichnen ihn als gewandten und schnellen Flieger (50 km/h Geschwindigkeit). Unter den einheimischen Arten fliegt er am höchsten (etwa 15 m; dies entspricht dem 2. Stockwerk eines Hauses); er fliegt in der Nähe von Bäumen, in der Region der Baumkronen und darüber. Er findet sich daher in Waldgegenden, Alleen und Parkanlagen. So schläft er auch im Sommer in Baumhöhlen und Nistkästen und nicht in Erd- oder Felshöhlen.

Fledermäuse sind auch bei Dunkelheit sichere Flieger, da sie sich mit Hilfe des Echos im Ultraschall-Bereich liegender Schreie orientieren.

Der Abendsegler lebt gesellig, oft in größerer Anzahl zusammen. Seine Anwesenheit erkennt man durch schrille Schreie und durch starken Geruch in der Nähe der Höhle. Die Winterquartiere sind nicht einheitlich; hohle Bäume, Hohlräume in oder an hohen Gebäuden. Der Winterschlaf, der in größeren Gesellschaften erfolgt, dauert lange, vom frühen Herbst bis spät ins Frühjahr.

Um Mitte Juni bringen die Weibchen ein Junges, seltener zwei Junge, zur Welt. Die Weibchen verbringen diese Zeit in Wochenstubenkolonien getrennt von den Männchen. Anfangs klammern die Jungen sich auch beim Fliegen im Fell der Mutter fest. Wenn im September die Jungtiere selbständig fliegen können, fällt die strenge Geschlechterteilung weg und die Vergesellschaftungen (auch von Männchen) lösen sich auf.

Der größte Feind des Abendseglers ist die Kälte. Da die Winterquartiere nicht immer frostsicher sind, fallen ihr die Tiere in strengen Wintern massenweise zum Opfer. Gegen tierische Feinde kann sich der Abendsegler dagegen gut mit seinem kräftigen Gebiss wehren. Bevor er zubeißt, droht er erst mit weit aufgerissenem Maul und stößt durchdringende Laute aus. Er besitzt zur Abwehr auch Drüsen, die im Gefahrenfall einen intensiven moschusartigen Geruch abscheiden, der den Feind abschrecken soll. Die lange Lebensdauer von etwa 15 Jahren stellt einen Ausgleich der Natur für die geringe Jungenzahl dar. - Zum Schutz von Fledermäusen sollten spezielle Nistkästen aufgehängt und geeignete Höhlen in Bäumen und Gebäuden erhalten werden.

<u>Literatur- und Abbildungsnachweis</u>:

NATUSCHKE 1960; Abb.: Archiv der Autoren

Blindschleiche

Lehrererzählung

Der Mord geschah nur, weil der Mörder dumm war. Er hielt sein Opfer für eine Giftschlange, silbrig-bronzen glitzernd und nur 40 cm lang. Ein etwas dick geratener Spaghetti - eine Blindschleiche.

Aber eine Blindschleiche ist weder blind noch eine Schlange, und giftig ist sie schon gar nicht. Ihre längliche Form, das Fehlen der Beine und ihre schlängelnde Fortbewegung erinnern tatsächlich an eine Schlange. Doch die Blindschleiche ist eine beinlose Eidechse. Viele Tiere haben keine Beine, zum Beispiel Regenwürmer, Schlangen oder Fische. Einige dieser Tierarten haben niemals Beine gehabt.

Bei anderen haben sich die Beine im Laufe der Zeit zurückgebildet. Das ist zum Beispiel bei der Blindschleiche so. Ihre Beine sind noch vorhanden, aber winzig klein und unter der Haut verborgen. Die Blindschleiche wird etwa 40-50 cm lang und ist grau oder braun. Gefährlich wird sie nur Würmern oder Nacktschnecken, ihrer Lieblingsspeise.

Die Blindschleiche lebt im dichten Bodenbewuchs des Waldes. Der grellen Sonne geht sie aus dem Weg. Sie mag eine schattige feuchte Umgebung. Wenn ihr einer Blindschleiche begegnen wollt, solltet ihr nach einem warmen Sommerregen am Waldrand spazierengehen. Doch Vorsicht! Wenn ihr wirklich eine Blindschleiche findet und wollt sie in die Hand nehmen, solltet ihr über folgende Besonderheit Bescheid wissen: Wie viele Eidechsen kann auch die Blindschleiche ihr Schwanzende bei Gefahr abwerfen. Wenn man also eine Blindschleiche fangen möchte, sollte man sie nicht an ihrem Schwanzende angreifen. Tut man dies doch, so wirft sie ihr Schwanzende ab und kann entkommen. Ihr wächst dann ein neues Schwanzende nach.

Die Blindschleiche bedarf - wie alle Eidechsen, aber auch Schlangen - dringend unseres Schutzes. Deshalb sollte man sie nicht fangen, wenn man einmal einem solchen Tier begegnet.

Blindschleiche

1. Kreuze die richtige Antwort an!

   Eine Blindschleiche ist:
   [ ]   ein Salamander
   [ ]   eine Giftschlange
   [ ]   eine beinlose Eidechse
   [ ]   eine Verwandte des Regenwurms

2. Kreuze bei den folgenden Sätzen an, ob sie richtig oder falsch sind!

	r	f
a) Die Blindschleiche legt sich gerne in die grelle Sonne	[ ]	[ ]
b) Die Lieblingsspeise der Blindschleichen sind Würmer und Schnecken	[ ]	[ ]
c) Die Blindschleiche kann mit ihren vier Beinen sehr schnell rennen	[ ]	[ ]
d) Die Länge der Blindschleiche beträgt etwa 40 - 50 cm	[ ]	[ ]

3. Was kann eine Blindschleiche tun, wenn man sie fangen will?

   _____.

4. Auch wenn es anders aussieht: eine Blindschleiche hat noch Beine.
   Wo befinden sie sich?

   _____.

   _____.

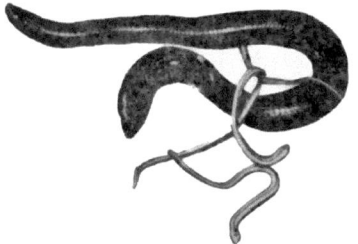

Blindschleiche mit Jungen

Blindschleiche frisst eine Nacktschnecke

Blindschleiche

1. Kreuze die richtige Antwort an!

   Eine Blindschleiche ist:

   [ ]   ein Salamander
   [ ]   eine Giftschlange
   [X]   eine beinlose Eidechse
   [ ]   eine Verwandte des Regenwurms

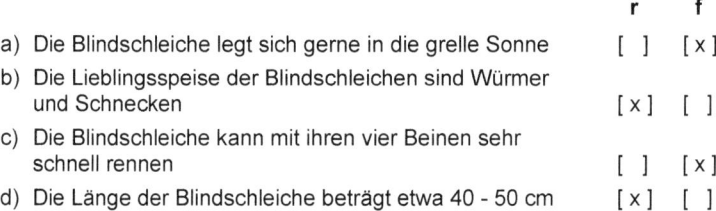

2. Kreuze bei den folgenden Sätzen an, ob sie richtig oder falsch sind!

	r	f
a) Die Blindschleiche legt sich gerne in die grelle Sonne	[ ]	[x]
b) Die Lieblingsspeise der Blindschleichen sind Würmer und Schnecken	[x]	[ ]
c) Die Blindschleiche kann mit ihren vier Beinen sehr schnell rennen	[ ]	[x]
d) Die Länge der Blindschleiche beträgt etwa 40 - 50 cm	[x]	[ ]

3. Was kann eine Blindschleiche tun, wenn man sie fangen will?

   Sie wirft ihren Schwanz ab.

4. Auch wenn es anders aussieht: eine Blindschleiche hat noch Beine.
   Wo befinden sie sich?

   Die kleinen Reste der Beine sind äußerlich nicht sichtbar;
   sie sind unter der Haut verborgen.

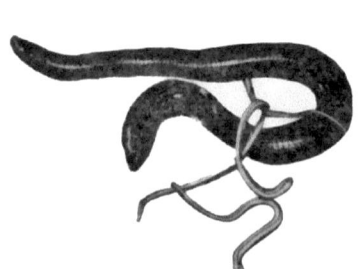

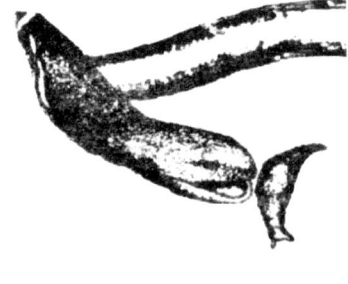

Blindschleiche mit Jungen   Blindschleiche frisst eine Nacktschnecke

18

Lehrerinformation

Der Name "Blind"schleiche lässt sich von der althochdeutschen Bezeichnung "Plinte" oder "Blende" für glänzendes Mineral ableiten, dessen Färbung ihrer Körperfarbe entspricht.

Die Blindschleiche gehört zur Familie der Schleichen. Diese Tiere sind äußerlich zwar beinlos, innerlich weisen sie aber noch die Reste der Beine, des Beckens und des Schultergürtels auf.

Die Blindschleiche ist fast in ganz Europa heimisch. Sie kommt auch in vielen Lebensräumen vor, bevorzugt aber gestrüppreiche Wiesen- und Waldränder, Schneisen und Schonungen. Dort hat sie in Erdlöchern, im Wurzelwerk oder unter Steinen ihre Versteckplätze.

Aus dem Winterschlaf erwachen Blindschleichen bei uns Ende März; im Mai findet die Paarung statt.

Ihre Verbreitung in nördlichen Zonen bedingt eine Anpassung an die klimatischen Gegebenheiten. Da die Sommer recht kurz sind, bleibt für die Entwicklung der Eier nur wenig Zeit. Die Blindschleiche sowie andere nördlich vorkommende Reptilienarten (z.B. Waldeidechse, Kreuzotter) sind deshalb lebendgebärend. Bei der Geburt sind die 5 - 25 Jungen eines Wurfs schon etwa 10 cm groß; sie haben sich etwa drei Monate im Körper des Weibchens entwickelt. Mit ihrer kräftigen Streifung und Körperfärbung sehen sie viel prächtiger als die Alttiere aus. Nach etwa drei Jahren werden sie mit etwa 25 cm Länge geschlechtsreif. Im Terrarium gehaltene Blindschleichen haben ein Alter von 35 Jahren erreicht.

Wie alle Eidechsen kann die Blindschleiche ihren Schwanz bei Gefahr abwerfen. Dies rettet ihr manchmal das Leben: Feinde begnügen sich mit dem zappelnden Körperteil, sodass sie entkommen kann. Sie regeneriert den verlorengegangenen Schwanz zwar wieder, jedoch wird das erneuerte Stück kleiner bleiben.

Von Schlangen unterscheiden sich Eidechsen z.B. durch die Beschuppung der Unterseite: Schlangen haben breite, Eidechsen kleine, aneinandergereihte Schuppen.

Literatur- und Abbildungsnachweis:

BLAUSCHECK 1989; BÖHME 1984; BURTON o.J.; ENGELMANN 1986; JAHN 1972; Abb.: Archiv der Autoren

Buntspecht

Lehrererzählung

Im Frühjahr, wenn man im Wald spazieren geht, kann man oft ein lautes Trommeln hören. Es ist der Buntspecht, der mit seinem kräftigen Schnabel bis zu 20mal in der Sekunde gegen einen Ast trommelt. Trotzdem bekommt er dabei keine Gehirnerschütterung. Wie ist das möglich? Sein Gehirn ist von einer dicken Fettschicht umgeben, die die Erschütterungen abfängt.

Das weithin hörbare Trommeln hat aber nichts damit zu tun, daß er Insekten aus der Rinde hervorlocken möchte. Vielmehr teilt ein Buntspechtmännchen den anderen Männchen mit, dass sie sich aus diesem Gebiet fernhalten sollen. Gleichzeitig lockt er damit Weibchen an.

Im Frühjahr zimmert sich der Buntspecht mit seinem kräftigen Schnabel Höhlen, in denen er brütet und übernachtet. Dazu sucht er sich meist kranke Bäume.

Es gibt keine anderen Vögel, die so gut an das Leben an Baumstämmen angepasst sind wie die Spechte. So läuft der Buntspecht meist an Baumstämmen empor, um dort nach Insekten zu suchen. An seinen Füßen sind zwei Zehen nach vorn und zwei nach hinten gerichtet. Deshalb sind sie zum Klettern hervorragend geeignet. Mit seinem kräftigen Schwanz stützt er sich zusätzlich ab.

Der Buntspecht hat eine etwa 12 cm lange und klebrige Zunge. An der Spitze der Zunge befinden sich Widerhaken. Damit holt er sogar aus tiefen Gängen Insekten und deren Larven heraus. Auf diese Weise trägt er dazu bei, dass viele Waldschädlinge vernichtet werden.

Im Winter ernährt sich der Buntspecht vorwiegend von Samen der Fichtenzapfen. Damit ihm der Zapfen nicht auf den Boden fällt, klemmt er ihn in ein Loch im Baumstamm. So kann er die Samen besser aus den Zapfen herausholen. Man spricht dann von sogenannten "Spechtschmieden".

Buntspecht

Buntspecht

1. Wo sucht der Buntspecht seine Beute?

_____

Nenne drei Körperteile, die ihm dabei helfen:

a) _____

_____.

b) _____

c) _____

2. Warum ist der Buntspecht für den Wald nützlich?

_____

3. Kreuze die richtige Antwort an:

Der Buntspecht trommelt weithin hörbar, um

[ ] Insekten aus der Rinde zu locken,

[ ] einem anderen Specht mitzuteilen, dass dies sein Gebiet ist,

[ ] Rindenstücke abzuklopfen, mit denen er sein Nest auslegt.

4. Du findest im Wald einen Baum mit einem Loch, in dem ein Fichtenzapfen steckt. Was ist hier geschehen?

_____

_____

_____

_____

Buntspecht

Buntspecht

1. Wo sucht der Buntspecht seine Beute?

   An Baumstämmen

   Nenne drei Körperteile, die ihm dabei helfen:

   a) *Füße mit je zwei Zehen, die nach*

   vorn und nach hinten gerichtet sind.

   b) *Schwanz zum Abstützen*

   c) *Lange Zunge mit Widerhaken*

2. Warum ist der Buntspecht für den Wald nützlich?

   Er frisst Insekten, die schädlich für Bäume sind.

3. Kreuze die richtige Antwort an:

   Der Buntspecht trommelt weithin hörbar, um

   [ ]   Insekten aus der Rinde zu locken,

   [x]   einem anderen Specht mitzuteilen, dass dies sein Gebiet ist,

   [ ]   Rindenstücke abzuklopfen, mit denen er sein Nest auslegt.

4. Du findest im Wald einen Baum mit einem Loch, in dem ein Fichtenzapfen steckt. Was ist hier geschehen?

   Ein Buntspecht hat diesen Zapfen in dem Loch festgeklemmt,

   damit er nicht auf den Boden fällt. So kann er die Samen besser

   aus dem Zapfen holen.

Lehrerinformation

Der Buntspecht (Dendrocopos major) ist die bekannteste und häufigste Spechtart Europas. Beide Geschlechter sind etwa gleich groß und haben ein hauptsächlich schwarzweißes Gefieder. Das Männchen erkennt man am roten Fleck am Hinterkopf.

Buntspechte leben in Parks, Laub- und Nadelwäldern; sie sind fast überall anzutreffen, wo es Gruppen von Bäumen gibt. Sie ernähren sich zum Teil vegetarisch von Samen verschiedenster Art, aber auch von Insekten und deren Larven. Diese legen sie durch Schnabelhiebe aus meist morschem Holz frei. Mit Hilfe ihrer langen, mit Borsten versehenen und meist klebrigen Zunge können sie Insekten auch aus tiefen Spalten und Löchern herausholen. Gelegentlich erbeuten sie auch Jungvögel anderer Vogelarten vor allem aus Höhlen oder Nistkästen.

Um besser an Samen aus Zapfen und Nüssen zu kommen, klemmt der Buntspecht solche Objekte in sogenannte Schmieden ein. Dies sind z.B. Astgabeln oder Vertiefungen im Holz. Je nach Größe des Nahrungsobjekts vergrößern die Spechte auch diese Schmieden; sie stellen also so etwas wie ein Werkzeug her. Unter solchen Spechtschmieden findet man oft eine größere Anzahl von Resten bearbeiteter Zapfen.

Im (Vor-)Frühling hört man häufig die lauten Trommelwirbel des Buntspechts. Er benutzt dazu möglichst resonanzfähige Äste, aber auch z.B. Wetterfahnen. Das Trommeln dient nicht dem Nahrungserwerb oder dem Bau einer Höhle, sondern zur Anlockung von Weibchen und als Drohung für andere Buntspecht-Männchen. Den Warnruf, ein lautes "kicks", kann man zu allen Jahreszeiten vernehmen, besonders abends bevor die Vögel eine Höhle zum Übernachten aufsuchen.

Ab März baut das Männchen in geeigneten Bäumen, meist an bereits etwas angefaulten Stellen, eine Nisthöhle. In diese legt das Weibchen ab Ende April 4-8 Eier. Bei der etwa 1o-11 Tage dauernden Bebrütung wechseln sich beide Partner ab. Auch während der Nestlingszeit sind beide an den Fütterungen beteiligt. Von älteren Jungvögeln ist lautes gereihtes Rufen aus der Höhle weithin zu hören. Nach etwa drei Wochen werden sie flügge.

Buntspechte sind bei uns vorwiegend Standvögel, die das ganze Jahr über in ihrem Revier leben oder nur ein wenig umherstreifen auf der Suche nach geeigneter Nahrung. - Viele andere Tiere, wie z.B. verschiedene Meisenarten, Trauerfliegenschnäpper, verschiedene Fledermausarten und Insekten sind Nutznießer von Buntspechthöhlen.

Literatur- und Abbildungsnachweis:

CREUTZ 1964; Wüst 1959; Abb.: Archiv der Autoren

Eichelhäher

Lehrererzählung

Jäger ärgern sich oft über diesen Waldvogel. Sobald er einen Menschen erblickt, stößt er laute Rufe aus, die wie "rätsch-rätsch" klingen. Das hören viele andere Tiere im Wald. Sie erkennen so die drohende Gefahr und flüchten. Der Jäger aber bleibt ohne Beute.

Der Vogel, um den es hier geht, trägt viel bei zur Verbreitung unserer Waldbäume, besonders der Eichen. Das hängt damit zusammen, dass er Eicheln frisst. Im Herbst sammelt er viele hundert davon als Nahrungsvorrat für den Winter. In seinem Kehlsack trägt der Vogel sie mit sich fort und steckt sie irgendwo in den Waldboden. Einige Verstecke findet das Tier aber nicht wieder. Im Frühling wachsen dort aus den Eicheln kleine Pflänzchen, die zu großen Eichbäumen werden können.

Wie der Vogel heißt, der auf diese Weise Bäume anpflanzt, ist leicht zu erraten. Das Wort "Eichel" steckt auch in seinem Namen: Es ist der Eichelhäher.

Der Eichelhäher ernährt sich aber nicht nur von Eicheln. Er frisst z.B. auch Kirschen, Insekten, Vogeleier und Jungvögel.

Im Wald findet man manchmal kleine, schwarz-blau-weißgestreifte Federn. Die stammen aus den Flügeln des Eichelhähers. Sieht man den Vogel selbst, kann man ihn leicht erkennen. Er ist fast so groß wie eine Taube und hat ein rotbraunes Gefieder. Flügel und Schwanzfedern sind hauptsächlich schwarz. Besonders wenn das Tier fliegt, ist an seinem Schwanz ein weißer Fleck zu sehen.

Der Eichelhäher hat eine besondere Fähigkeit: Er kann viele Vogelstimmen und sogar das Knarren eines Astes täuschend echt nachahmen. Und wenn ihr einmal mitten im Wald ein Miauen hört, so muss keine Katze herumstreunen. Es könnte auch die Stimme des Eichelhähers gewesen sein!

Im Frühling ist der Eichelhäher schweigsam. In dieser Zeit legt das Weibchen fünf bis sieben Eier in ein Nest, das es mit dem Männchen auf einem Baum oder in einem Busch gebaut hat. Jetzt ist es besonders wichtig, dass Feinde (z.B. Greifvögel) das Nest nicht entdecken. Deshalb sind die Eichelhäher mucksmäuschenstill. Über zwei Wochen lang wechseln sie sich beim Brüten ab, bis endlich die Jungen schlüpfen. Die kleinen Eichelhäher haben zuerst keine Federn und sind blind. Darum werden sie von den Eltern gepflegt und gefüttert. Erst im Alter von etwa drei Wochen können die Jungen das Nest verlassen.

Ein Eichelhäher kann bis zu 18 Jahre alt werden.

Eichelhäher

Schüler-Arbeitsblatt

1. Kreuze bei den folgenden Sätzen an,
   ob sie richtig (r) oder falsch (f) sind!

   a) Der Eichelhäher ruft laut, wenn
      er einen Menschen sieht.   r   f

   b) Bei Jägern ist der Eichelhäher
      sehr beliebt.   r   f

   c) Der Eichelhäher kann viele
      Vogelstimmen nachmachen.   r   f

   d) Zu den Feinden des Eichel-
      hähers gehören auch Greifvögel.   r   f

   e) Die frisch geschlüpften jungen
      Eichelhäher verlassen schon
      am ersten Tag das Nest.   r   f

2. Gib drei Beispiele für die Nahrung des Eichelhähers an!

   a) _____

   b) _____

   c) _____

3. Ein Silbendieb hat aus dem Text unten einige
   Silben gestohlen und sie in den Sack gesteckt,
   den du rechts siehst.
   Trage die passenden Wörter in die Lücken ein!
   Streiche dabei die Silben im Sack durch, die du
   dafür benutzt!
   (Am Schluss darf keine Silbe übrig sein!)

   JAHR – TER –
   FRÜH – EI - TAU
   – BRAU – BE – EI
   – ROT – CHELN –
   HERBST – CHEN
   – WIN - NE

   Der Eichelhäher ist fast so groß wie eine _____.

   Sein Gefieder hat eine _____ Farbe.

   Der Eichelhäher trägt zur Verbreitung von Bäumen bei, besonders von

   _____.

   Im _____ sammelt er viele _____ als

   Nahrungsvorrat für den _____ und steckt sie in den

   Waldboden. An den Stellen, die der Vogel nicht wiederfindet, wachsen im

   _____ kleine Pflänzchen.

Eichelhäher

<u>Schüler-Arbeitsblatt</u>

(1) Kreuze bei den folgenden Sätzen an,
ob sie richtig (r) oder falsch (f) sind!

a) Der Eichelhäher ruft laut, wenn
er einen Menschen sieht.   <u>r</u>   f

b) Bei Jägern ist der Eichelhäher
sehr beliebt.   r   <u>f</u>

c) Der Eichelhäher kann viele
Vogelstimmen nachmachen.   <u>r</u>   f

d) Zu den Feinden des Eichel-
hähers gehören auch Greifvögel. <u>r</u>   f

e) Die frisch geschlüpften jungen
Eichelhäher verlassen schon
am ersten Tag das Nest.   r   <u>f</u>

(2) Gib drei Beispiele für die Nahrung des Eichelhähers an!

a) <u> Eicheln </u>

b) <u> Kirschen </u>

c) <u> Insekten, Vogeleier </u>

(3) Ein Silbendieb hat aus dem Text unten einige
Silben gestohlen und sie in den Sack gesteckt,
den du rechts siehst.
Trage die passenden Wörter in die Lücken ein!
Streiche dabei die Silben im Sack durch, die du
dafür benutzt!
(Am Schluß darf keine Silbe übrig sein!)

JAHR – TER -
FRÜH – EI - TAU
– BRAU – BE – EI
– ROT – CHELN –
HERBST – CHEN
– WIN - NE

Der Eichelhäher ist fast so groß wie eine   <u>Taube</u>

Sein Gefieder hat eine <u> rotbraune </u> Farbe.

Der Eichelhäher trägt zur Verbreitung von Bäumen bei, besonders von

<u> Eichen </u>.

Im <u> Herbst </u> sammelt er viele <u> Eicheln </u> als

Nahrungsvorrat für den <u> Winter </u> und steckt sie in den

Waldboden. An den Stellen, die der Vogel nicht wiederfindet, wachsen im

<u> Frühjahr </u> kleine Pflänzchen.

Der Eichelhäher (Garrulus glandarius), der im deutschen Sprachraum weit über 100 volkstümliche Namen hat (u.a. "Herold", "Herrenvogel", "Nusshacker"), gehört zur Familie der Rabenvögel (Corvidae).

Der Vogel ist in ganz Europa, in Asien (bis China) und in Nordwestafrika verbreitet. Vor allem lebt er in Laub- und Mischwäldern.

Der ausgewachsene Eichelhäher ist fast taubengroß und wiegt 120 bis 192 Gramm. Sein Gefieder ist überwiegend rotbraun, die breiten runden Flügel schwarz mit kleinen schwarz-blau-weiß gestreiften Federn darin. Das Tier besitzt einen besonders beim Flug gut sichtbaren weißen Bürzel vor dem schwarzen Schwanz. Auf dem Kopf trägt es eine aufrichtbare Federhaube.

Die Lautäußerungen des Vogels variieren stark. Nähert sich ein Mensch, ruft er laut und krächzend "rätsch, rätsch" (Volksname "Markwart"), wodurch andere Waldtiere auf die Gefahr aufmerksam werden. Auf diese Weise "verdirbt" der Eichelhäher Jägern häufig die Pirsch. Als Spötter (Volksname "Markolf") ahmt der Vogel in seinem weich trillernden Gesang viele Laute täuschend echt nach, so z.B. das "Miauen" des Bussards, den Alarmruf von Amsel und Elster sowie das Knarren eines Astes.

Der Eichelhäher ist im größten Teil des Jahres ein geselliger Vogel. Nur während der Fortpflanzungszeit (einmal jährlich im Frühling) lebt er paarweise. Anfang April bauen beide Partner auf einem Baum oder in einem Busch ein verhältnismäßig kleines, flaches Nest aus Zweigen, Halmen, Moos u.ä. Ende April/Anfang Mai legt das Weibchen fünf bis sieben graugrüne, bräunlich gefleckte Eier hinein. Beide Altvögel brüten gleichermaßen ca. 16 Tage lang. Die Jungen sind Nesthocker. Zwischen Schlüpfen und Flüggewerden vergehen ca. 20 Tage. Die Altvögel verhalten sich in der Fortpflanzungszeit leise, damit das Gelege nicht von Feinden, zu denen mehrere Greifvogelarten zählen, entdeckt wird.

Als Allesfresser ernährt sich der Eichelhäher u.a. von Samen, Früchten (z.B. Kirschen), Insekten, Vogeleiern und Jungvögeln. Im Herbst sammelt er als Nahrungsvorrat für den Winter mehrere hundert Baumfrüchte (vor allem Eicheln, aber auch Bucheckern), trägt sie in seinem Kehlsack fort und steckt sie an anderer Stelle in den Boden. Da der Vogel einige der Verstecke nicht wiederfindet, trägt er zur

Verbreitung von Stiel- und Traubeneiche sowie der Rotbuche bei. Der Eichelhäher hat somit waldbauliche Bedeutung.

Die einheimischen Eichelhäher sind meist Stand- oder Strichvögel, sind also verhältnismäßig sesshaft. Im Winter setzt jedoch ein starker Zuzug aus dem Norden ein. Der Eichelhäher kann im Flug weite Entfernungen zurücklegen, fliegt aber nicht in Schwärmen, sondern in großen Abständen hintereinander.

Literatur- und Abbildungsnachweis:

CREUTZ 1964; KEVE 1969; PERRINS 1987; RAHMANN 1988; SIELMANN 1981; Abb.: Archiv der Autoren

Elster

Lehrererzählung

Es gibt bei uns Vögel, die ein auffälliges schwarz-weißes Gefieder und einen langen Schwanz haben. Auf dem Boden hüpfen sie mit wippendem Schwanz umher. Wo immer sich ein Pärchen oder eine Gruppe dieser Vogelart niederlässt, kann man ihr lautes Schackern hören.

Im Winter sieht man sie oft an Plätzen, an denen sie besonders leicht Nahrung finden, beispielsweise in der Nähe von Abfallbehältern und auf Schuttplätzen. Von diesen Vögeln, den Elstern, wissen die meisten Leute eigentlich nur, dass sie glänzende Gegenstände in ihr Nest tragen. Deshalb liest man oft, dass diese Vögel als "diebische Elstern" bezeichnet werden. Das ist falsch. Ein Dieb kann nur sein, wer weiß, dass etwas einem anderen gehört, und dieses trotzdem wegnimmt.

Manche Leute mögen Elstern nicht, weil sie die Nester anderer Vögel "ausrauben". Dies tun die aber nur, um sich und ihre Jungen zu ernähren. Außerdem kann eine Elster gar nicht alle Vogelnester ihrer Umgebung erreichen. Dafür ist sie viel zu groß. Da sie mit Schwanz etwa 45 cm groß ist, erreicht sie viele im dichten Buschwerk versteckte Nester nicht.

Die Elstern schützen ihr Nest sehr gut gegen Angreifer. Es ist bis auf einen seitlichen Zugang eine geschlossene Kugel. Etwa drei Wochen dauert es, bis ein Elsternpärchen sein Nest fertig hat. Dieses aufwändig gebaute Nest dient nicht nur den Elstern selbst. Waldohreulen und Turmfalken, die selbst kein Nest bauen, brüten oft in verlassenen Elsternnestern.

Das Elsterweibchen legt fünf bis sieben Eier, die es alleine ausbrütet. Während dieser Zeit wird es vom Männchen gefüttert. Wenn das Männchen nicht auf Nahrungssuche ist, hält es in der Nähe des Nestes Wache. Nähert sich ein Feind, so warnt es das Weibchen durch lautes Rufen. Daraufhin verlässt das Weibchen das Nest, um die Gefahr vom Nest abzuhalten.

Wenn die jungen Elstern geschlüpft sind, werden sie von beiden Eltern mit Futter versorgt. Elstern sind Allesfresser. Am liebsten fressen sie Insekten, aber auch Würmer und Schnecken. Im Herbst und Winter ernähren sie sich überwiegend von Früchten, Samen und Beeren.

Elster

<u>Schüler-Arbeitsblatt</u>

1. Warum wird die Elster auch als "diebische Elster" bezeichnet und warum ist das falsch?

   _____.

   _____.

   _____.

   _____.

   _____.

   _____.

   _____.

   _____.

2. Woran erkennt man eine Elster?

   Gefieder: _____

   Schwanz: _____

   Schwanzbewegung: _____

   Größe: _____

   Ruf: _____

3. Was ist typisch für ein Elsternnest?

   _____.

   _____.

4. Das Elsternnest wird auch von anderen Vogelarten genutzt. Nenne zwei Beispiele!

   _____

5. Zähle auf, was alles zur Nahrung der Elster gehört!

   _____

Elster

Schüler-Arbeitsblatt

1. Warum wird die Elster auch als "diebische Elster" bezeichnet und warum ist das falsch?

   Elstern suchen glänzende

   Gegenstände und tragen sie

   in ihr Nest. Sie

   deshalb als "Diebe" zu

   bezeichnen ist falsch. Sie

   wissen ja nicht, dass

   diese Dinge jemandem

   gehören.

2. Woran erkennt man eine Elster?

   Gefieder: *schwarzweiß*

   Schwanz: *auffällig lang*

   Schwanzbewegung: *wippend, Auf-ab-Bewegungen*

   Größe: *etwa 45 cm*

   Ruf: *schackern*

3. Was ist typisch für ein Elsternnest?

   Es ist kugelrund, hat ein Dach und einen seitlichen

   Zugang.

4. Das Elsternnest wird auch von anderen Vogelarten genutzt.
   Nenne zwei Beispiele!

   Waldohreule, Turmfalke

5. Zähle auf, was alles zur Nahrung der Elster gehört!

   Insekten, Würmer, Schnecken, Samen, Beeren, Abfälle.

Lehrerinformation

Die Elster gehört zur Familie der Rabenvögel. Die bei uns am häufigsten vorkommenden Rabenvögel sind neben der Elster Eichelhäher und Rabenkrähe. Die Familie der Rabenvögel gehört zur Ordnung der Singvögel. Die Elster ist also ein Singvogel, obwohl sie nicht "singen" kann.

Die Elstern gehören zu den intelligentesten Tieren. Zahlreiche Verhaltensuntersuchungen belegen die große Gedächtniskapazität der Elstern und Rabenvögel. Alle Sinne, einschließlich des Geruchssinnes, sind gut ausgeprägt. Rabenvögel sehen und hören sehr gut, sind kräftig gebaut und können gut fliegen.

Elstern sind gesellige Vögel mit einem ausgeprägten Sozialverhalten. Außerhalb der Brutzeit bilden sie kleine Gruppen, in denen eine Rangordnung besteht. Im Frühjahr findet innerhalb von Gruppen auch das Werben um die Weibchen statt; man nennt dies Gruppenbalz der Elstern. Einmal verpaarte Elstern leben in der Regel in einer Dauerehe. Ihr Nest steht entweder verborgen in dichten Hecken oder gut sichtbar auf hohen Bäumen, vielfach auch mitten in Städten (Schutz vor Bejagung). Es wird von beiden Partnern gebaut. Der Beginn der Brutzeit ist witterungsabhängig, die Eiablage erfolgt vielfach schon Ende März. Die fünf bis sieben Eier werden etwa 17 bis 18 Tage bebrütet. Die Familie bleibt dann u.U. noch lange Zeit zusammen. Elstern können 15 bis 20 Jahre alt werden.

Elstern sind Allesfresser. Ihre tierische Nahrung besteht überwiegend aus Insekten. Es werden aber auch Schnecken, Würmer, Spinnen, Amphibien, Reptilien und Kleinsäuger sowie Aas aufgenommen. Im Herbst und Winter fressen sie überwiegend Früchte, Sämereien und Beeren. Im Frühsommer sind Eier und Jungvögel ein Bestandteil ihrer Nahrung. Jedoch bilden Kleinvögel und deren Eier nur einen geringen Bestandteil der Elsternahrung. Eine 1982 durchgeführte Untersuchung des Mageninhalts von 39 Elstern hatte folgendes Ergebnis:

Haushaltsabfälle 34,5 %, Pflanzenmaterial 20,6 %, Insekten 17,8 %, Würmer 10,1 %, Vögel 7,6 %, Sonstiges 9,4 % (RAHMANN 1988).

In menschlichen Siedlungen, wo nur wenige Vogelarten, dafür aber meist in sehr hoher Dichte, brüten, kann das Nahrungsspektrum der Elstern einen höheren Anteil an Kleinvögeln aufweisen. Es konnte jedoch bisher nicht belegt werden, daß die Elster eine erhebliche Abnahme einer anderen Vogelart verursacht hat.

Die Bestandsentwicklung der Elster wird bei Jägern und Vogelschützern sehr kontrovers diskutiert. Den Elsternbestand einer bestimmten Gegend festzustellen, ist schwierig. Die Ansammlungen von manchmal mehr als einem Dutzend Elstern im Frühjahr geben keine genaue Auskunft über den Bestand, da sich dabei Tiere aus verschiedenen Gegenden versammeln. Eine weitere Fehlerquelle bei der Bestandsaufnahme liegt darin, dass die Elster mehrere Nester baut, von denen aber nur eines zur Brut benutzt wird.

Zur Regulation des Elsternbestandes tragen neben ihren natürlichen Feinden, wie Marder, Fuchs, Katze, Eichhörnchen, Habicht, Mäusebussard und Milan, auch andere Rabenvögel wie Rabenkrähe und Eichelhäher, bei.

Zwischen Rabenkrähe und Elster kommt es zur Revierkonkurrenz. Die Rabenkrähe verdrängt dabei die ihr unterlegene Elster aus den günstigen Revieren. Ein wichtiger Regulationsfaktor ist auch der gegenseitige Nestraub zwischen Rabenkrähe, Elster und Eichelhäher.

Literatur- und Abbildungsnachweis:

GOODWIN 1976; RAHMANN 1988; SIELMANN 1981; Abb.: Archiv der Autoren

Erdkröte

Lehrererzählung

Im März oder April kann es einem passieren, dass man eine Straße sieht, die übersät ist mit plattgefahrenen Kröten: Hier fand eine Wanderung von Erdkröten ein grausames Ende. Um diese Zeit kommen die Erdkröten aus ihrem Winterquartier im Erdboden. Zur Fortpflanzung treibt es sie in den Teich zurück, in dem sie geboren wurden. Dabei müssen sie auch Straßen überqueren, durch die der Mensch ihre Wanderungen behindert. Glücklicherweise errichten heute freiwillige Helfer an vielen solchen Straßen Erdkrötenzäune. Diese hindern die Erdkröten am Überqueren der Straße. Sie werden dann am Krötenzaun eingesammelt und zu ihrem Teich gebracht oder durch Tunnel geleitet.

Im Teich angelangt, locken die Männchen die Weibchen mit lauten Rufen an. Bei der Paarung legen die Erdkrötenweibchen Tausende von Eiern (Laich) ab, die in Schnüren angeordnet sind. Die Laichschnüre eines Weibchens können zusammen drei bis sieben Meter lang sein. Neben diesen Eischnüren kann man in Teichen oft auch Eiklumpen finden. Diese stammen dann aber von Fröschen. Aus den Eiern schlüpfen nach einiger Zeit Kaulquappen.

Nach der Laichzeit verlässt die Erdkröte das Wasser und begibt sich an Land. Dort sucht sie ein feuchtes, dunkles Versteck auf, in dem sie den Tag verbringt. Wenn es anfängt dunkel zu werden, begibt sie sich auf Jagd nach Insekten, Würmern, Schnecken und anderen Kleintieren. Dabei lässt sie ihre klebrige Zunge blitzschnell vorschnellen und fängt damit das Insekt. Allerdings reagiert die Erdkröte nur auf Beute, die sich bewegt. Insekten, die ganz still sitzen, kommen mit dem Leben davon.

Betrachtet man eine Erdkröte genauer, so sieht man, dass ihr brauner Körper von dicken Warzen bedeckt ist. Sie sondern Gift ab, mit dem sich die Erdkröte vor ihren Feinden schützt. Gegen Vögel und Schlangen nützt ihr dies allerdings wenig. Deshalb stellt sie sich auf ihre Beine und bläst sich auf. So wirkt die Erdkröte größer und kann nicht gefressen werden.

Wenn die Erdkröte Glück hat und wirklich nicht gefressen wird, kann sie 40 Jahre alt werden.

Erdkröte

<u>Schüler-Arbeitsblatt</u>

1. Welches ist heute der wichtigste Feind der Erdkröte
   und weshalb?

   _____

   _____

2. Warum soll man sich die Hände waschen, wenn man eine Erdkröte angefaßt
   hat?

   _____

   _____

3. Wie können sich Erdkröten vor ihren Feinden schützen?
   Nenne zwei Möglichkeiten?

   a) _____

   b) _____

4. Welche Eier gehören zur Erdkröte? Kreuze an! (Wenn du weißt, von wem der
   andere Laich stammt, schreibe den Namen darunter!)

   ☐   ☐ _____

5. Welches Insekt wird die Erdkröte fangen? Kreuze die richtige Antwort an und
   erkläre sie!

   Die Erdkröte wird Insekt Nr. 1 _____

   Die Erdkröte wird Insekt Nr. 2 _____

   Was frisst die Erdkröte noch? _____

Erdkröte

Schüler-Arbeitsblatt

1. Welches ist heute der wichtigste Feind der Erdkröte
   und weshalb?

   Der Mensch! Er zerstört ihre Lebensräume und tötet viele

   Erdkröten bei deren Wanderung zum Laichplatz durch Überfahren.

2. Warum soll man sich die Hände waschen, wenn man eine Erdkröte angefasst
   hat?

   Weil Erdkröten bei Berührung aus der Haut einen Giftstoff

   ausscheiden.

3. Wie können sich Erdkröten vor ihren Feinden schützen?
   Nenne zwei Möglichkeiten?

   a) *Durch Ausscheiden von Giftstoffen*

   b) *Durch "Aufblasen" des Körpers*

4. Welche Eier gehören zur Erdkröte? Kreuze an! (Wenn du weißt, von wem der
   andere Laich stammt, schreibe den Namen darunter!)

☒   ☐   *Grasfrosch*

5. Welches Insekt wird die Erdkröte fangen? Kreuze die richtige Antwort an und
   erkläre sie!

Die Erdkröte wird Insekt Nr. 1 *fangen, weil es sich bewegt*

Die Erdkröte wird Insekt Nr. 2 *nicht fangen, weil es still sitzt*

Was frisst die Erdkröte noch? *Würmer, Schnecken, andere Kleintiere*

Lehrerinformation

Die Erdkröte gehört zur Familie der Echten Kröten und ist in Mitteleuropa die bekannteste und häufigste Art.

Sie hat einen flachen, untersetzten Körper, waagerechte Pupillen und eine warzige Haut. Die Männchen sind kleiner und schlanker als die Weibchen. Männchen haben vom Herbst bis zum Frühling dunkle Brunstschwielen auf den drei inneren Fingern. Die Farbe kann beim gleichen Tier je nach Stimmung, Feuchtigkeit, Jahreszeit und Häutung von hellgelb bis schwarz wechseln. Hinter den Augen liegt beiderseits eine Drüse, aus der die Tiere bei starkem Druck einen weißen giftigen Saft ausscheiden, der die Schleimhäute reizen kann.

Gegen Ende März kommen die Kröten aus ihren im Waldboden gelegenen Winterquartieren hervor. Sie machen sich sofort, ohne Nahrung aufzunehmen, auf den Weg zu ihrem Laichplatz, der jedes Jahr von der gleichen Krötengesellschaft benutzt wird. Kröten wandern nach Einbruch der Dämmerung, wenn es mindestens 5°C warm ist, besonders bei Regenwetter. Bei ihren Wanderungen legen sie Entfernungen von 500-1500 m zurück. Schon auf der Wanderung beginnen sich manche Männchen zu verpaaren; andere warten im Gewässer auf ein Weibchen. Die Männchen sind in der Überzahl: Auf sieben Männchen kommt nur ein Weibchen. Die Männchen springen jeden sich bewegenden Gegenstand an, der etwa die Größe eines Weibchens hat, auch andere Männchen. Ein auf diese Art belästigtes Männchen gibt Befreiungslaute von sich, die bewirken, dass ein klammerndes Männchen seinen Irrtum bemerkt und wieder absteigt. Diese Abwehrreaktion lässt sich auch auslösen, wenn man ein Männchen mit zwei Fingern in den Achseln hält. Da männliche Erdkröten nur rückgebildete Schallblasen besitzen, können sie Weibchen nicht gezielt anlocken. Die Verpaarung findet allein durch das suchende Umherschwimmen der Männchen nach Versuch und Irrtum statt.

Nach etwa 6-14 Tagen Wasseraufenthalt lösen sich die Eier vom Eierstock und gleiten in den Eileitern abwärts. Das Weibchen verankert sich im Schilf, streckt die Hinterbeine parallel nach hinten aus und macht gleichzeitig ein hohles Kreuz. In dieser "Signalstellung" treten aus den beiden Eileitern die Eier in Form zweier Schnüre aus, die vom Männchen sofort befruchtet werden. Wenn kein Laich mehr austritt, steigt das Männchen ab. Es verlässt den Laichplatz in der folgenden Nacht und wandert zum Sommerquartier; die Weibchen bleiben noch einige Tage am Laichplatz.

Sobald die Kröten in der zweiten Aprilhälfte ihr Sommerquartier wieder erreicht haben, fallen sie noch einmal in Untätigkeit zurück. Sie jagen erst wieder, wenn die Abendtemperatur auf 11 - 12°C steigt und es zugleich regnet. So wird es gewöhnlich Mai, bis sich die Kröten wieder ausgraben .

Seit Oktober haben die Kröten keine Nahrung zu sich genommen. Jetzt, im Sommer, ziehen sie besonders in warmen Regennächten in ihren Jagdgebieten umher und fressen Insekten, Würmer, Schnecken und Spinnen. Die meisten Erdkröten leben im Sommer in Wäldern, einige erscheinen auch in Siedlungen und Gärten und machen sich als Schädlingsvertilger nützlich.

Etwa Ende August beginnen die Erdkröten ihre Herbstwanderung; sie nähern sich wieder den Laichplätzen. Ende September bis Mitte Oktober graben sie sich an geeigneter Stelle im Wald ein und kommen erst im nächsten Frühjahr wieder hervor (s. oben).

Wegen ihres Giftes (Bufotalin) haben Kröten nur wenige Feinde. - Im Durchschnitt hat die Erdkröte im Vergleich zu anderen Froschlurchen eine hohe Lebenserwartung. Die Männchen werden nach drei bis fünf, die Weibchen nach vier bis sechs Jahren geschlechtsreif. Erdkröten leben etwa acht Jahre. Einzelne Kröten erreichen auch im Freien ein Alter von mindestens zehn bis elf Jahren; in Menschenobhut werden sie noch älter.

Grundsätzlich sind Erdkröten geschützt. Für Lehrzwecke darf Krötenlaich (mit unterschiedlichen Bestimmungen in den Bundesländern) jedoch in geringer Menge entnommen werden, wenn die Kaulquappen wieder am Standort der Entnahme ausgesetzt werden.

Literatur- und Abbildungsnachweis:

BLAUSCHECK, 1989; BÖHME 1984; ENGELMANN 1986; JUNGFER 1954; SCHRÖDER 1973; SCHULTE 1984; Abb.: Archiv der Autoren

Feldgrille

Lehrererzählung

Bereits im Mai kann man an warmen, sonnigen Hängen und auf Wiesen ein lautes Zirpen hören. Die Musikanten selbst sind jedoch nur schwer zu beobachten. Sobald man in ihre Nähe kommt, wird es still. Bei der geringsten Erschütterung des Bodens verschwinden sie in ihren Löchern.

Wenn man aber den Boden genau untersucht, kann man den Eingang zu einer kleinen Höhle finden. Dieser Eingang ist etwa so groß wie ein Centstück. Nimmt man einen Grashalm und steckt ihn vorsichtig in die Höhle, dann beißt sich der Höhlenbewohner manchmal daran fest. Jetzt kann man ihn mit dem Grashalm aus seiner Höhle herausziehen.

Es ist eine Feldgrille, die man durch diesen Trick ganz aus der Nähe betrachten kann. Sie ist glänzend schwarz und etwa 2 - 3 cm groß. An ihrem dicken, runden Kopf sieht man zwei große, runde Augen. Vor ihrem Mund erkennt man die kräftigen Mundwerkzeuge, mit denen sie ihre Nahrung zerkleinert.

Mit den beiden langen, dünnen Fühlern, die sich ständig hin- und herbewegen, kann die Feldgrille riechen. Über ihrem Rücken liegen zwei bräunliche Flügeldecken. Die Feldgrille hat wie alle Insekten sechs Beine. Die beiden hintersten sind lang und kräftig, damit kann sie kleine Sprünge machen.

Laut zirpen können nur die Männchen. Sie teilen dadurch mit, dass sie mit einem Weibchen zusammen sein wollen. Das Zirpen entsteht, indem sie ihre Flügeldecken anheben und mit dem rechten Flügel über den linken streichen.

Die Weibchen werden durch das Zirpen angelockt. Dies kann man leicht überprüfen: Man geht auf eine Wiese und nimmt das Zirpen der Männchen mit Hilfe eines Mikrofons auf. Anschließend spielt man das Zirpen in einem Zimmer, in dem ein gefangenes Weibchen sitzt, ab. Das Weibchen hört das Zirpen und kriecht auf das Aufnahmegerät bzw. den Lautsprecher zu.

Feldgrille

1. Die Feldgrille hat _____ Beine.

2. Womit macht die Feldgrille Sprünge?

   _____

3. Die langen Fühler haben eine besondere Aufgabe.
   Mit den Fühlern kann die Feldgrille:

   ☐ fühlen
   ☐ riechen
   ☐ hören
   ☐ schmecken

4. Die Feldgrille kann laute Musik machen. Wie?

   _____

   _____

5. Nur das Männchen kann zirpen. Wozu hat es diese Eigenschaft?

   _____

6. Wo leben Feldgrillen?

Feldgrille

Schüler-Arbeitsblatt

1. Die Feldgrille hat _6_ Beine.

2. Womit macht die Feldgrille Sprünge?

Mit den beiden hintersten Beinen.

3. Die langen Fühler haben eine besondere Aufgabe.
Mit den Fühlern kann die Feldgrille:

☐ fühlen
☒ riechen
☐ hören
☐ schmecken

4. Die Feldgrille kann laute Musik machen. Wie?

Sie hebt ihre Flügeldecken an und streicht dann mit dem

rechten Flügel über den linken.

5. Nur das Männchen kann zirpen. Wozu hat es diese Eigenschaft?

Mit dem Zirpen lockt das Männchen das Weibchen an.

6. Wo leben Feldgrillen?

An warmen sonnigen Hängen und Wiesen. Sie wohnen dort   in

kleinen Erdhöhlen.

Lehrerinformation

Die Insekten sind die artenreichste Tierklasse. Zu ihnen gehören etwa drei Viertel aller bekannten Tierarten. Die Heuschrecken, zu denen auch die Grillen zählen, gehören zur Gruppe der Hemimetabola, den Insekten mit unvollständiger Verwandlung. Diese entwickeln sich aus dem Ei über eine unterschiedliche Anzahl von Larvenstadien zur Imago, dem ausgewachsenen Tier. Das sonst für die Metamorphose vieler Insekten typische Puppenstadium fehlt bei ihnen.

Neben der Feldgrille gibt es bei uns noch die Waldgrille, die Maulwurfsgrille und das Heimchen.

Der Körperbau der Grillen ist in drei Abschnitte gegliedert: Kopf (Caput), Brust (Thorax) und Abdomen (Hinterleib). Der Kopf trägt ein Paar Fühler, Mundwerkzeuge und Augen. Die Mundwerkzeuge gehören zum "beißenden" Typus. Bei anderen Insekten gibt es Abwandlungen, wie etwa den "leckend saugenden" (z.B. Biene) oder "stechenden" (z.B. Stechmücke) Typus.

Die Feldgrille bewohnt trockene, sonnige Gebiete mit niedriger Vegetation. Das Verbreitungsgebiet reicht nach Norden bis ins südliche Holstein. In den letzten Jahren ist sie jedoch in Norddeutschland fast überall ausgestorben. Angesichts der großen Vorkommen in Süddeutschland erscheint bei uns die Art bislang noch nicht ernsthaft gefährdet, zumal die Anzahl der Feldgrillen in Perioden mit warmen Sommern stark zunehmen kann.

Feldgrillen leben in selbstgegrabenen, etwa 20-30 cm langen Erdröhren, die schräg in den Boden führen. Sie ernähren sich von Gräsern, Kräutern und kleinen Insekten. Das Zirpen der Männchen ist etwa 50 m weit zu hören; bei gutem Wetter erschallt es bis tief in die Nacht. Ubrigens fangen Heuschrecken viel später im Jahr an zu singen als Feldgrillen, und zwar erst im Hoch- bis Spätsommer.

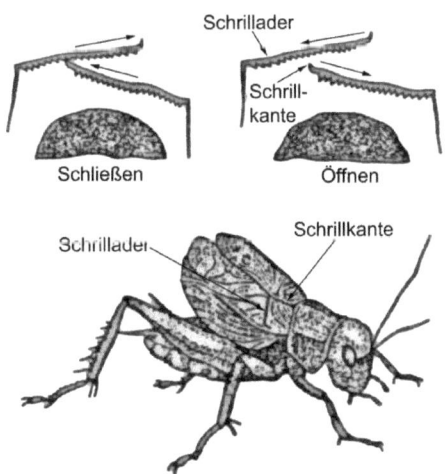

Das Zirpen entsteht, indem das Feldgrillenmännchen seine Flügel anhebt und gegeneinander reibt. Die Flügel sind mit je einer zähnchentragenden Schrillader und einer scharfen Schrillkante ausgestattet und werden beim Schließen durch das Gegeneinanderreiben kurz in Schwingung versetzt.

Nähert sich ein Artgenosse einer Wohnröhre, stößt der Besitzer einen Warngesang aus: Andere Männchen fliehen dann meist oder es kommt zum Kampf. Weibchen bleiben dagegen still sitzen und nach einer Balz, zu der erneut spezifische Gesänge gehören, kommt es zur Kopulation.

Später legt das Weibchen mehrmals Eier mit ihrem Legebohrer (an deren Besitz man sie leicht von Männchen unterscheiden kann) in den Boden ab. Die Larven schlüpfen nach zwei bis drei Wochen. Diese jungen Feldgrillen vagabundieren umher. Schließlich überwintern sie in selbstgebauten Gängen. Damit aus diesen Larven im nächsten Jahr geschlechtsreife Imagines werden können, müssen sie vorher einem "Kälteschock" ausgesetzt sein.

Literatur- und Abbildungsnachweis:

BELLMANN 1985; DIRCKSEN 1960; HÜBER/THORSON 1988; Abb.: Archiv der Autoren

Großwiesel

Lehrererzählung

So mancher Bauer bekommt einen großen Schreck, wenn er morgens in seinen Hühnerstall kommt. Alle Hühner, die am Abend zuvor noch quicklebendig gewesen sind, liegen tot auf dem Boden. Wie ist das möglich? - Ein Tier ist in der Nacht hier gewesen und hat die Hühner mit seinen scharfen Zähnen totgebissen. Da es nicht alle seine Opfer auf einmal in sein Versteck schleifen konnte, liegen die meisten toten Hühner noch im Stall. Es war das Großwiesel, das die Hühner getötet hat. Es wird auch "Hermelin" genannt.

Das Großwiesel frisst aber nicht nur Hühner. Zu seinen häufigsten Beutetieren zählen Mäuse, Ratten und Kleinvögel. Auch auf Hasen macht es gelegentlich Jagd.

Sehen kann man ein Großwiesel mit einigem Glück im Feld, an einem Waldrand oder in einem Park. Dort gibt es viele Stellen, an denen dieses Tier einen Unterschlupf finden kann, z.B. unter Steinen oder Wurzeln, in Holzstapeln oder Erdlöchern. Wenn ihr einen Garten habt, in dem ihr ein paar große Steine oder etwas Holz aufstapeln könnt, siedelt sich vielleicht sogar dort ein Großwiesel an.

Das Tier ist viel kleiner als eine Hauskatze und schlank. Es hat vier kurze Beine, kleine Ohren und einen mittellangen Schwanz. In den wärmeren Monaten des Jahres trägt das Großwiesel ein überwiegend braunes Sommerfell mit schwarzer Schwanzspitze. Auf dem braunen Erdboden ist es dadurch gut getarnt. Auch im Winter ist das Tier durch seine Fellfarbe geschützt: Bis auf die schwarze Schwanzspitze ist es dann weiß wie der Schnee. In den letzten Jahren hat es bei uns aber nur selten geschneit. Für das Großwiesel ist das gefährlich, weil seine Tarnung dadurch nicht wirksam ist. Im weißen Winterfell ist es auf braunem Erdboden gut sichtbar. Von seinen Feinden, Greifvögeln, Füchsen und wildernden Hunden, wird es dann leicht entdeckt.

Auch die Menschen gehören zu den Feinden des Großwiesels. Sie jagen es schon lange Zeit, weil sie sein schönes Winterfell besitzen möchten. Früher wurden daraus kostbare Hermelinmäntel für Kaiser und Könige hergestellt. Zum Glück gelingt es dem Großwiesel oft, seinen Feinden zu entkommen. Es kann gut klettern und springen und vor allem sehr schnell laufen. Deshalb gibt es in unserer Sprache auch den Ausdruck "flink wie ein Wiesel".

Im Frühling bringt das Großwieselweibchen vier bis sieben Junge zur Welt. In den ersten sechs Wochen können diese nicht sehen. Erst im Herbst trennen sich die Kleinen von der Mutter. Ein Großwiesel kann fünf bis zehn Jahre alt werden.

Das Großwiesel ist übrigens ein sehr "neugieriges" Tier. Probiert es aus, wenn ihr eines seht: Piepst einmal wie eine Maus! Vielleicht kommt das Tier dann sogar bis zu euren Füßen heran.

Großwiesel

Schüler-Arbeitsblatt

1. Das Großwiesel hat noch einen anderen Namen. Wie wird es auch genannt?

_____

2a. Rechts auf der Zeichnung siehst du das Tier im Sommerfell. Welche Farbe hat es überwiegend?

_____

2b. Die Zeichnung rechts zeigt das Großwiesel im Winterfell. Eine Kleinigkeit fehlt aber noch. Zeichne sie ein!

_____

_____

2c. Wozu ist es wichtig, dass sich die Fellfarbe verändert?

_____

_____

_____

3. In dem Kasten stehen acht Namen von Feinden und Beutetieren des Großwiesels. Unterstreiche die Feinde doppelt und die Beutetiere einfach.

Greifvögel	Mäuse	Ratten	Füchse
Hühner	Kleinvögel	Menschen	Hunde

4. Nenne eine Möglichkeit, wie man dem Großwiesel im eigenen Garten einen Unterschlupf bereiten kann!

_____

_____

Großwiesel

<u>Schüler-Arbeitsblatt</u>

1. Das Großwiesel hat noch einen anderen Namen. Wie wird es auch genannt?

   Hermelin

2a. Rechts auf der Zeichnung siehst du das Tier im Sommerfell. Welche Farbe hat es überwiegend?

   Braun mit schwarzer Schwanzspitze.

2b. Die Zeichnung rechts zeigt das Großwiesel im Winterfell. Eine Kleinigkeit fehlt aber noch. Zeichne sie ein!

   Das Fell ist schneeweiß mit schwarzer Schwanzspitze.

2c. Wozu ist es wichtig, dass sich die Fellfarbe verändert?

   Im Winter, wenn Schnee liegt, fällt das Großwiesel am wenigsten auf, wenn es weiß ist; im Sommer dagegen, wenn es eine braune Farbe hat.

3. In dem Kasten stehen acht Namen von Feinden und Beutetieren des Großwiesels. Unterstreiche die Feinde doppelt und die Beutetiere einfach.

<u>Greifvögel</u>	Mäuse	Ratten	<u>Füchse</u>
Hühner	Kleinvögel	<u>Menschen</u>	<u>Hunde</u>

4. Nenne eine Möglichkeit, wie man dem Großwiesel im eigenen Garten einen Unterschlupf bereiten kann!

   Man legt im Garten einen Steinhaufen (mit Hohlräumen) oder einen Holzhaufen an.

Lehrerinformation

Das Großwiesel (oft auch einfach Wiesel genannt), etwa 35 cm lang, gehört zur Ordnung der Raubtiere und zur Familie der Marderartigen. Zu dieser Familie gehören z.B. auch so bekannte Arten wie Dachs, Iltis, Baum- und Steinmarder, aber auch Fischotter. Nahe verwandt mit dem Großwiesel ist das Mauswiesel: Es ist etwa 25 cm lang, bleibt bei uns in der Regel im Winter braun, ist oft recht zutraulich, lebt auch in Siedlungen - und wird vielfach mit seinem größeren Verwandten verwechselt.

Das Großwiesel kann fast in ganz Europa angetroffen werden; in Gebirgen lebt es bis in einer Höhe von 3.000 Metern. Nicht selten sieht man das Tier bei Tag, aber vorwiegend ist es nachts aktiv. Es kann ausgezeichnet laufen, klettern, springen und auch schwimmen. Oft richtet es sich auf und macht "Männchen"; diese Verhaltensweise ist ein Hinweis darauf, dass es sich bei der Jagd vorwiegend optisch orientiert. Bei der Suche nach Nahrung durchstöbert das Großwiesel die Bauten von Nagetieren. Es dringt auch in Hühnerställe ein und richtet unter deren Bewohnern oft Verheerungen an.

Es wohnt in Höhlen verschiedenster Art, die es aber nur selten selbst herstellt, sondern als Baumhöhlen, Stein- und Reisighaufen, Schlupfwinkeln in Gebäuden vorfindet oder von anderen Lebewesen (Nagetieren, Maulwürfen u.a.) übernimmt. Die Paarung findet im Frühjahr oder Spätsommer statt. Während der Schwangerschaft tritt eine Art Ruhepause in der Entwicklung der Embryonen ein. Deshalb werden (in der Regel) erst im nächsten Frühjahr drei bis zehn Junge geboren. Dies geschieht in der oft mit Fellstücken erbeuteter Mäuse gut ausgepolsterten Nestkammer in der Höhle. Die Jungen werden etwa fünf Monate lang versorgt; sie trennen sich erst im Herbst von der Mutter. Die recht große Anzahl an Nachkommen ist zum Überleben der Art notwendig, da das Großwiesel viele Feinde hat: Fuchs, Hunde, verschiedene Greifvögel und Eulen - und nicht zuletzt den Menschen.

Früher wurde das Großwiesel gern als "mordgierig" bezeichnet; eine Bezeichnung, die der einst häufigen (und auch manchmal heute leider noch benutzten) vermenschlichenden Betrachtung von Tieren entsprach. Lebewesen, die ständig auf Fangen und Töten von Beute angewiesen sind, müssen stets eine hohe Handlungsbereitschaft für die entsprechenden Instinkthandlungen haben, die nicht vom Hunger abhängig ist. Gibt es gerade Beute, "muss" sie geschlagen werden - vielleicht stellt sich in den nächsten Tagen überhaupt keine Beute ein.

Literatur- und Abbildungsnachweis:

KOLLER 1956; SIELMANN 1981; FELIX/TOMAN/HISEK 1984; WÜST 1957; Abb.: Archiv der Autoren

Haussperling

Lehrererzählung

Haussperlinge kennt jeder. Es gibt sie in großer Zahl fast überall auf der Erde, wo der Mensch Siedlungen errichtet hat. Leicht scheint dies erklärbar: Der "Spatz" ist eben frech und setzt sich überall durch. Dennoch gibt es eigentlich keinen Grund, dies als Frechheit zu bezeichnen. Die Haussperlinge haben nur gelernt, dass ihnen von den Menschen normalerweise keine Gefahr droht. Der wichtigste Grund dafür, dass Haussperlinge so erfolgreich sind, liegt wahrscheinlich in ihrer guten Lernfähigkeit.

Dazu möchte ich Euch eine Geschichte erzählen: In einem Gewächshaus stand regelmäßig ein Korb mit Brot, mit dem Enten gefüttert wurden. Jahrelang brüteten Buchfinken in der Nähe. Obwohl auch sie ihre Jungen mit Brot fütterten, wenn sie es bekommen konnten, gelangten sie nicht in das Gewächshaus. Als ein Sperlingspaar sich ansiedelte, fanden die Tiere bald einen Weg in das Innere: Sie mussten dabei durch einen Ventilatorkasten ein- und ausfliegen. Auch aus komplizierten Fallen finden Haussperlinge viel eher den Weg ins Freie als andere Kleinvögel.

Der Haussperling hat sich also eng an den Menschen angeschlossen, aber er ist nur selten wirklich zutraulich.

Bei seiner Nahrung ist er nicht wählerisch. Er frisst Brot und Grassamen, Getreidekörner und Insekten. Wenn ein großer Trupp von Haussperlingen in einem reifen Getreidefeld die Getreidekörner frisst, können diese Vögel großen Schaden anrichten. Deshalb werden sie dann oft verfolgt und getötet.

Im Gegensatz zu den meisten Vogelarten baut der Haussperling auch im Winter ein Nest. In ihm übernachtet er. So übersteht er die kalten Winternächte besser.

Im Sommer brüten viele Haussperlingspaare zusammen mit Vorliebe unter dem Dach eines Gebäudes.

Das Männchen erkennt man am grauen Kopf und der schwarzen Kehle.

Haussperling

Schüler-Arbeitsblatt

Was stimmt? Bei der folgenden Frage ist
nur eine Antwort richtig.

Kreuze die richtige Antwort an!

(1) Haussperlinge werden verfolgt und getötet, weil
   [ ] sie so viel Lärm machen,
   [ ] sie Krankheiten übertragen,
   [ ] sie auf den Feldern Getreide fressen,
   [ ] sie so schlecht singen.

(2) Begründe, warum Haussperlinge in großer Zahl in Dörfern und Städten, also in
   der Nähe des Menschen, leben können.

   _____

   _____

   _____

(3) Welcher andere Name wird manchmal für den Haussperling auch gebraucht?

   _____

(4) Männchen und Weibchen des Haussperlings unterscheiden sich.
   Woran erkennt man ein Haussperlings-Männchen?

   1. _____

   2. _____

(5) Haussperlinge überleben kalte Winter bei uns besser als andere Vögel.
   Warum?

   _____

   _____

Haussperling

Schüler-Arbeitsblatt

Was stimmt? Bei der folgenden Frage ist nur eine Antwort richtig.

Kreuze die richtige Antwort an!

(1) Haussperlinge werden verfolgt und getötet, weil
   [ ] sie so viel Lärm machen,
   [ ] sie Krankheiten übertragen,
   [x] sie auf den Feldern Getreide fressen,
   [ ] sie so schlecht singen.

(2) Begründe, warum Haussperlinge in großer Zahl in Dörfern und Städten, also in der Nähe des Menschen, leben können.

   Haussperlinge sind sehr lernfähig. Deshalb können sie sich gut an verschiedene Bedingungen in menschlichen Siedlungen anpassen.

(3) Welcher andere Name wird manchmal für den Haussperling auch gebraucht?

   Spatz

(4) Männchen und Weibchen des Haussperlings unterscheiden sich. Woran erkennt man ein Haussperlings-Männchen?

   1. *An der schwarzen Kehle*

   2. *Am dunkelgrauen Kopf und braunen Nacken (Hinterkopf)*

(5) Haussperlinge überleben kalte Winter bei uns besser als andere Vögel. Warum?

   Sie bauen sich ein dichtes, warmes Nest, in dem sie auch im Winter nachts schlafen.

<u>Lehrerinformation</u>

Der Haussperling sollte nicht mit der zweiten in Mitteleuropa vorkommenden Sperlingsart, dem Feldsperling (Passer montanus), verwechselt werden. Bei letzterem sind Männchen und Weibchen gleich gefärbt. Kennzeichnend sind schokoladenfarbene Kopfplatte und Nacken. - Sperlinge sind verwandt mit den Webervögeln, die vorwiegend in den Tropen leben und sich durch kompliziert gewebte Nester auszeichnen.

Haussperlinge brüten in lockeren Kolonien, oft viele gemeinsam in einem Gebäude. Untersuchungen haben ergeben, dass die im Zentrum einer solchen Kolonie lebenden Paare einen höheren Bruterfolg haben. - Nach der Brutzeit schließen sich vielfach zahlreiche Haussperlinge zu großen Trupps zusammen. Sie wandern in der Nähe ihres Brutplatzes in die Feldmark, von wo sie im Frühherbst wieder in ihr Brutgebiet zurückkehren. Auf den Feldern können diese Schwärme große Schäden an reifendem Getreide anrichten. Deshalb wurden Haussperlinge früher intensiv verfolgt. Inzwischen hat die Anzahl der Haussperlinge (genaue Zählungen gibt es allerdings nicht) abgenommen. Die genauen Gründe sind nicht ganz klar, allgemein liegt es am Rückgang des Nahrungsangebots und von Nistmöglichkeiten durch das Handeln des Menschen.

Der Erfolg des Haussperlings (er ist, zum Teil durch Einbürgerung, über große Teile der Erde verbreitet) beruht offenbar auf seiner im Vergleich zu anderen kleinen Singvögeln beachtlichen Lernfähigkeit. Gutes Lernvermögen einer Art kann also durchaus eine wichtige Überlebensstrategie sein.

Trotz des einfachen "Gesangs" gehören Haussperlinge zu den Singvögeln. Dies ist demnach kein Begriff, der vom Wortsinn her zu verstehen ist. Vielmehr sind allen Singvögeln bestimmte morphologische Merkmale gemeinsam. Übrigens besitzen Haussperlinge eine Vielzahl von Lautäußerungen, die in spezifischen Situationen verwendet werden. Es gibt z.B. einen Warnlaut für Bodenfeinde, einen anderen für Luftfeinde, einen, der zum Weiterfliegen auffordert.

Haussperlinge sind soziale Tiere - nicht nur beim Brüten und der Schwarmbildung. Man hört und sieht während der Brutzeit oft einen Trupp laut schilpend etwa in einer Hecke herumturnen. Mehrere Männchen balzen dabei ein Weibchen an, das entfernt von Partner und Nest Nahrung sucht. Im Herbst und an milden Wintertagen versammeln sich häufig viele dieser Vögel in einem Busch, wo sie gemeinsam singen und andere Lautäußerungen hören lassen. Es ist unbekannt, was dies für einen biologischen Zweck hat.

<u>Literatur- und Abbildungsnachweis:</u>

CREUTZ 1964; SCHULZE 1988; Abb.: Archiv der Autoren

Holzbock

Kennst du ein Tier, das mit seinen <u>Beinen</u> riechen kann? Oder eines, das seinen Magen so vergrößern kann, dass 200mal so viel hinein passt wie normalerweise?

Nein?

Aber vielleicht kennst du dieses: Es ist ein einheimisches Tier, saugt gerne Blut an Menschen und Tieren, und es kann Krankheiten übertragen.

Es handelt sich um den Holzbock. Der Holzbock ist eine Zeckenart. Zecken haben acht Beine. Sie gehören damit nicht zu den Insekten, sondern zu den Spinnentieren.

Der Holzbock ist ein Parasit. Er ernährt sich, indem er an anderen Tieren (z.B. an Hunden und Vögeln) und am Menschen Blut saugt. Dazu bohrt er sich mit seinem Mundwerkzeug in die Haut des Tieres. Dort verankert er sich, um tagelang Blut zu saugen. Im großen Hinterleib speichert er das Blut, das er gesaugt hat. Der Magen des Weibchens kann sich dabei um das 200fache vergrößern!

Wie aber finden Holzböcke überhaupt ihre Beute, an der sie Blut saugen können?

Stell dir vor, du spielst draußen auf einer Wiese mit einem Freund. Auf der Wiese steht ein Baum. Auf dem Baum sitzt ein Holzbock. Wenn du in seine Nähe kommst, lässt er sich vom Baum fallen. Er kann dich nämlich mit seinen Beinen riechen. Nun sucht er eine Stelle, wo die Haut so dünn ist, dass er gut Blut saugen kann. Die Tasthaare an seinen Beinen helfen ihm, die günstigste Stelle zu finden, z.B. deine Kniekehle. Dann bohrt er seine Mundwerkzeuge wie eine Stichsäge durch die Haut und fängt an, Blut zu saugen. Das alles macht er so vorsichtig, dass du es wahrscheinlich gar nicht merkst. Er saugt dann mehrere Tage, bis er voll Blut ist, und fällt dann von selbst ab. Vor allem die weiblichen Holzböcke benötigen Blut, damit ihre Eier reifen können. Nachdem sie diese abgelegt haben, sterben sie.

Wenn du einen Holzbock an deinem Körper bemerkst, solltest du ihn möglichst schnell entfernen. Lass dir am besten von einem Erwachsenen helfen. Er kann ihn mit einer Pinzette oder einer speziellen Zange vorsichtig - ohne den Kopf abzureißen - herausziehen. Manche Leute empfehlen auch, ihn mit Öl oder Klebstoff zu ersticken. Das ist aber nicht gut, denn dann sondert er viel Speichel ab. In seinem Speichel können aber gefährliche Krankheitserreger sein.

Wirst du einmal von einer Zecke gebissen und es zeigt sich nach einigen Tagen eine Rötung, die größer ist als ein 2-Euro-Stück, solltest du zu einem Arzt gehen. Der kann dann feststellen, ob die Zecke dich mit einer Krankheit, die man Borreliose nennt, angesteckt hat oder nicht. Auch, wenn du nach einem Zeckenbiss Fieber bekommst, solltest du zum Arzt gehen. Das Fieber könnte der Beginn einer Frühsommerhirnhautentzündung sein, die auch von Zecken übertragen wird.

Holzböcke sitzen aber nicht nur auf Bäumen und warten auf ihr "Opfer", sie können auch im Gras und auf Büschen sein. Deswegen ist es wichtig, dass du möglichst nicht unter Büschen spielst. Immer wenn du draußen warst, solltest du nachsehen, ob eine Zecke auf Dir herumläuft. Holzböcke laufen nämlich manchmal stundenlang auf der Haut ihres "Opfers" herum, bevor sie zubeißen.

Holzbock

1. Weißt du, woran du einen Holzbock erkennen kannst?

   Er hat _____ Beine und gehört zu den _____.

   Die Tiergruppe, zu der der Holzbock gehört, nennt man auch _____.

2. Vergleiche die beiden folgenden Abbildungen (beide sind sechsmal vergrößert) und erkläre den Unterschied:

   _____.

   _____.

   _____.

   _____.

   _____.

   _____.

3. Weißt du, wie der Holzbock seine Beute findet?

   _____.

   _____.

   _____.

4. Erkläre, warum es sehr wichtig ist, Holzböcke vom Körper zu entfernen!

   _____.

   _____.

5. Weißt du, wie man einen Holzbock richtig entfernt?

   _____.

   _____.

   _____.

Holzbock

Schüler-Arbeitsblatt

1. Weißt du, woran du einen Holzbock erkennen kannst?

   Er hat __8__ Beine und gehört zu den __*Spinnentieren*__ .

   Die Tiergruppe, zu der der Holzbock gehört, nennt man auch __*Zecken*__ .

2. Vergleiche die beiden folgenden Abbildungen (beide sind sechsmal vergrößert) und erkläre den Unterschied:

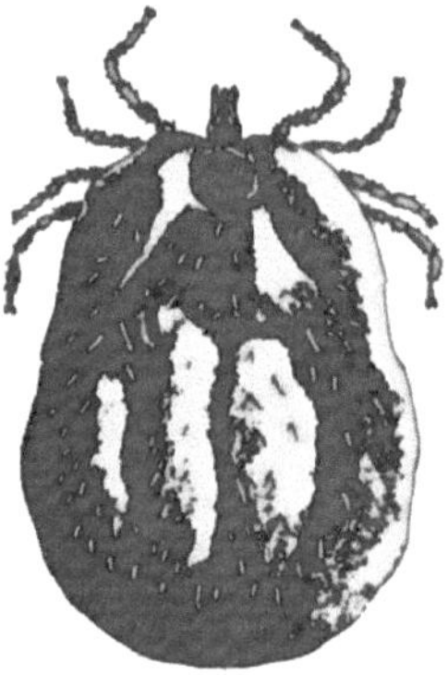

   Der kleine Holzbock ist hungrig. Der große Holzbock hat sich voll Blut gesaugt. Sein Magen kann sich dabei auf das 200fache vergrößern.

3. Weißt du, wie der Holzbock seine Beute findet?

   Er kann sie mit den Beinen riechen. Wenn ein Tier oder ein Mensch sich unter ihm bewegt, lässt er sich herunterfallen.

4. Erkläre, warum es sehr wichtig ist, Holzböcke vom Körper zu entfernen!

   Sie können gefährliche Krankheiten übertragen. (Borreliose oder Gehirnhautentzündung).

5. Weißt du, wie man einen Holzbock richtig entfernt?

   Mit einer Pinzette oder einer Zeckenzange. Man muss auf jeden Fall darauf achten, dass der Kopf herausgedreht wird.

Lehrerinformation

Zecken gehören zur Ordnung der Milben; diese wiederum bilden eine Gruppe der Spinnentiere (Arachnida). Die Zecken sind die größten Milben. Bei den Milben sind Kopf, Brust und Hinterleib zu einem kompakten Körper verschmolzen. Sie besitzen acht Laufbeine, atmen mit Tracheen und pflanzen sich durch das Legen von Eiern fort.

Die Zecken besitzen ein Stechsaugorgan mit Widerhaken. Mit ihren Beinen können sie riechen, Temperaturen fühlen und durch Tasthaare das Fell bzw. die Haut des Wirtstieres abtasten.

Als Ektoparasiten leben die Zecken vom Blut ihrer Wirte. Vor allem die Weibchen benötigen viel Blut für die Reifung der Eier. Da Zecken oft sehr lange auf einen geeigneten Wirt warten müssen, können sie sehr lange hungern.

In Deutschland sind zwei Zeckenarten heimisch:

1. Der Holzbock (auch Hundszecke, lat.: Ixodes ricinus).

   Er gehört zur Familie der Schildzecken. Das Männchen wird 1,2 - 2 mm lang, das Weibchen 4 mm, vollgesogen sogar 12 mm. Beide Geschlechter sind braunrot bis schwärzlich. An der Basis der Hüften des ersten Beinpaares sitzt ein langer, nach hinten gerichteter stachelartiger Dornfortsatz. Der Hinterleib besitzt eine dehnbare Haut, sodass viel Blut gespeichert werden kann.

2. Die Taubenzecke (Argas reflexus):

   Sie gehört zur Familie der Lederzecken. Das Männchen wird 4 mm lang, das Weibchen 6-8 mm. Beide haben eine gelbliche Färbung, sodass das aufgesogene Blut rot oder schwärzlich durchschimmert.

   Taubenzecken leben in Taubenschlägen, wo sie sich tagsüber in Ritzen verborgen halten, nachts hervorkommen und die schlafenden Tauben befallen. Sie siedeln sich auch in menschlichen Wohnungen an, wenn diese in der Nähe eines Taubenschlages liegen und können dann auch am Menschen Blut saugen.

   Ihr Stich kann schwere Krankheitserscheinungen, allgemeine Röte der Haut, schwere Schwellungen und Eiterungen hervorrufen.

Schildzecken, so auch der Holzbock, durchlaufen drei Entwicklungsstadien. Aus den Eiern schlüpfen kleine sechsbeinige Larven. Treffen sie auf ein Wirtstier, verankern sie sich mit ihren Mundwerkzeugen tief in der Haut und saugen einige Tage lang Blut. Dann fallen sie ab, verkriechen sich im Boden und verdauen das Blut. Danach häuten sie sich zu achtbeinigen Nymphen. Auch diese saugen einige Tage lang Blut an einem Wirt und häuten sich danach zu geschlechtsreifen Zecken.

Die Weibchen benötigen noch einmal eine Blutmahlzeit. Nach der Begattung verkriechen sie sich im Boden, legen ihre Eier ab und sterben. Die Männchen sterben schon bald nach der Begattung.

Larven und Nymphen befallen meist kleinere Wirtstiere (z.B. Mäuse), die geschlechtsreifen Tiere befallen größere Wirbeltiere (z.B. Hunde, Rinder, Menschen).

Von den durch Zecken übertragenen Erkrankungen sind in Mitteleuropa vor allem die Borreliose und die FSME (Frühsommer-Meningoenzephalitis) von Bedeutung.

Borreliose-Erreger sind Bakterien. Ein Befall kann zu Erkrankungen der Haut, des Gehirns, des Rückenmarks, der Gelenke oder zu Herzrhythmusstörungen führen.

Anzeichen einer Borreliose ist eine meist wandernde Rötung der Haut, die oft nur schwach in Erscheinung tritt. Auf jeden Fall sollte ein Arzt aufgesucht werden.

Die Behandlung erfolgt mit Antibiotika.

FSME-Erreger sind Viren. Ein Befall kann zu Erkrankungen des Gehirns und Rückenmarks führen; er kündigt sich durch Fieber an.

Eine Behandlungsmethode der FSME ist bisher nicht bekannt. Es können nur Beschwerden gelindert werden. Man kann sich jedoch gegen FSME impfen lassen, wenn man in einem Gebiet lebt, in dem virustragende Zecken vorkommen, oder wenn man ein solches aufzusuchen (z.B. im Urlaub) beabsichtigt.
Zur Entfernung von Zecken werden im Fachhandel Zeckenzangen angeboten.

Literatur- und Abbildungsnachweis:

PATIENTENINFORMATION 1993; WALTER 1986; WERNER 1979; Abb.: Archiv der Autoren

Kreuzotter

Lehrererzählung

Ein Kreuzotterbiss tut weh. Diese Erfahrung kann man als Bergwanderer machen. Denn im Gebirge begegnet man der einzigen Giftschlange Deutschlands schon gelegentlich. Blitzschnell schießt der Schlangenkopf vor, und die beiden Giftzähne durchstoßen die Haut. Die Bissstelle schwillt an, und dem Gebissenen wird oft schwindlig und übel. Er muss möglichst schnell zum Arzt gebracht werden, der ihm ein Gegengift spritzt. Nach ein paar Tagen ist dann meist wieder alles in Ordnung. Der Biss der Kreuzotter ist also nicht sehr gefährlich.

Wer von dieser Schlange gebissen wird, ist meist selbst schuld. Mit hohen Wanderschuhen kann man sich leicht schützen. Die Zähne der Kreuzotter sind zu schwach, um das feste Leder zu durchbohren. Außerdem greift dieses Tier einen Menschen nie von selbst an. Nur, wer es stört, kann gebissen werden. Lassen wir die Schlange in Ruhe, tut sie uns auch nichts.

Die meisten Menschen wissen wenig über die Kreuzotter. Sie halten sie für angriffslustig und meinen, dass ihr Biss lebensgefährlich sei. So gilt die Kreuzotter als bedrohliches Tier. Deshalb haben die Menschen diese Schlange in einigen Gegenden schon völlig ausgerottet. Sie braucht also dringend Schutz!

Tagsüber liegt die Kreuzotter manchmal träge auf dem Erdboden oder auf einem Stein und wärmt ihren bis zu 80 Zentimeter langen Körper. Sie ist dann kaum zu sehen, weil sie dieselbe Farbe hat wie der Untergrund: grau-braun. Dunkler ist aber das Zickzackband auf dem Rücken des Tieres. Dieses hilft uns auch, die Kreuzotter von anderen Schlangen zu unterscheiden.

Abends ober nachts geht die Kreuzotter auf Beutefang. Sie frisst hauptsächlich Mäuse, gelegentlich aber auch Frösche und Eidechsen. Viele Tiere jagen ihrem Opfer so lange nach, bis sie es gefangen haben - nicht aber die Kreuzotter! Sie gleitet lautlos heran oder wartet, bis das Beutetier von selbst näherkommt. Plötzlich beißt sie zu - zieht sich aber sofort wieder zurück. Das Opfer flüchtet; doch schon nach kurzer Zeit stirbt es am Gift. Die Kreuzotter kriecht nun zu dem toten Tier. Sie dehnt ihr Maul ganz weit und verschlingt die Beute in einem Stück. Danach benötigt sie oft tagelang keine Nahrung.

Das Kreuzotterweibchen bringt im Spätsommer bis zu 20 Junge zur Welt, die von Anfang an selbständig sind.

Im Winter hat es keinen Sinn, nach dieser Schlange Ausschau zu halten. Bereits im Herbst verkriecht sie sich an einer geschützten Stelle, z.B. in einem Erdloch oder einer Felsspalte. Bewegungslos verbringt sie dort die kalte Jahreszeit. Die Körpertemperatur der Kreuzotter ist dann sehr niedrig. Sie richtet sich nach der Temperatur in der Umgebung des Tieres.

Kreuzotter

Schülerarbeitsblatt

1. Warum ist die Kreuzotter auf Steinen und dem Erdboden kaum sichtbar?

   _____

   _____

2. Welches **äußere** Merkmal der Kreuzotter hilft uns dabei, sie von anderen Schlangen zu unterscheiden?

   _____

   _____.

3. Schreibe mit vier Sätzen auf, wie die Kreuzotter ihre Beute fängt!

   a) _____.

   _____.

   b) _____.

   _____.

   c) _____.

   _____.

   d) _____.

   _____.

4. Fülle die Lücken aus! In jeder Lücke soll nur **ein** Wort stehen!

   a) Die Kreuzotter unterscheidet sich von den übrigen Schlangen, die es bei uns gibt. Sie ist die einzige _____.

   b) Tagsüber ist sie meist träge. Auf Beutefang geht sie _____ oder _____. Sie frisst hauptsächlich _____.

   c) Eine Jahreszeit, den _____, verbringt die Kreuzotter bewegungslos an einem geschützten Ort. Ihre _____ ist dann sehr niedrig

   d) Für die Kreuzotter sind die _____ sehr gefährlich, weil sie viele dieser Schlangen töten.

Kreuzotter

Schülerarbeitsblatt

1. Warum ist die Kreuzotter auf Steinen und dem Erdboden kaum sichtbar?

   Sie hat dieselbe Farbe wie der Untergrund: grau-braun.

2. Welches **äußere** Merkmal der Kreuzotter hilft uns dabei, sie von anderen Schlangen zu unterscheiden?

   Sie hat ein schwarzes (dunkles) Zickzackband auf dem Rücken.

3. Schreibe mit vier Sätzen auf, wie die Kreuzotter ihre Beute fängt!

   a) *Die Kreuzotter gleitet an das Beutetier heran oder wartet, bis es von selbst näherkommt.*

   b) *Blitzschnell beißt die Schlange dann mit ihren Giftzähnen zu.*

   c) *Das gebissene Tier läuft davon, stirbt aber schon nach kurzer Zeit am Gift.*

   d) *Die Kreuzotter kriecht zu dem toten Tier hin und verschlingt es in einem Stück.*

4. Fülle die Lücken aus! In jeder Lücke soll nur **ein** Wort stehen!

   a) Die Kreuzotter unterscheidet sich von den übrigen Schlangen, die es bei uns gibt. Sie ist die einzige *Giftschlange* .

   b) Tagsüber ist sie meist träge. Auf Beutefang geht sie *abends* oder *nachts* . Sie frisst hauptsächlich *Mäuse* .

   c) Eine Jahreszeit, den *Winter* , verbringt die Kreuzotter bewegungslos an einem geschützten Ort. Ihre *Körpertemperatur* ist dann sehr niedrig

   d) Für die Kreuzotter sind die *Menschen* sehr gefährlich, weil sie viele dieser Schlangen töten.

Lehrerinformation

Die Kreuzotter (Vipera berus), die viele volkstümliche Namen besitzt (z.B. "Kreuzschlange", "Jochviper"), gehört zur Familie der Vipern (Viperidae).

Von allen Schlangenarten verträgt sie das Leben in kalten Zonen am besten (Aktivität zwischen +3°C und +34°C). Sie ist in Europa weit verbreitet. In der Bundesrepublik fehlte die Kreuzotter ursprünglich nur im Rhein-Main-Gebiet. Heute ist sie auf wenige Gegenden zurückgedrängt: Sie kommt noch im Gebirge (bis 3000 Meter), in Hochmooren und Heiden vor. Das sesshafte Tier lebt an Stellen, an denen es sich leicht verstecken und sonnen kann.

Die Kreuzotter gehört heute in der Bundesrepublik zu den stark gefährdeten, voll geschützten Tierarten. Die Ursachen für den Rückgang des Bestandes liegen u.a. in der Kultivierung und Aufforstung von Magerrasen, Heiden und Gebüschsukzessionen, der Verbauung sonniger Hänge, der Entwässerung von Mooren und Sümpfen, der Fluss- und Bachregulation, dem Verkehr und der direkten Verfolgung durch Menschen.

Die bis zu 80 Zentimeter lange Schlange mit dem kurzen Schwanz wirkt weniger gedrungen als viele andere Vipernarten. Ihr Kopf ist hinten etwas verbreitert und mit relativ großen Schuppen bedeckt. Das Auge besitzt eine senkrechte Pupille. Die Grundfärbung der Kreuzotter ist meist grau-braun. Dunklere Flecken bilden auf dem Rücken ein breites Zickzackband und eine Reihe von Tupfen auf den Flanken. Auf dem Hinterkopf befindet sich eine dunkle, kreuz- oder keilähnliche Zeichnung. Es gibt allerdings auch einfarbig schwarze bzw. rote Kreuzottern.

Der Giftapparat dieser Schlangenart ist hoch entwickelt. Sie besitzt zwei große, zentral durchbohrte Giftzähne, die beim Schließen des Mauls nach hinten zurückgeklappt werden. Hinter jedem Giftzahn befindet sich ein Ersatzzahn, der bei Verlust des Hauptzahnes dessen Stelle einnimmt. Die Kreuzotter tötet bzw. lähmt ihre Beutetiere, zu denen hauptsächlich Mäuse, aber auch Frösche und Eidechsen zählen, durch einen Biss mit ihren Giftzähnen.

Bei Menschen wirkt das Gift der Kreuzotter, das hauptsächlich blut- und gefäßschädigende Wirkstoffe (Hämotoxine) enthält, nur sehr selten tödlich. In der Bundesrepublik ist schon seit vielen Jahren kein Todesfall mehr registriert worden.

Der Biss ist äußerst schmerzhaft. Die Bissstelle schwillt an. Es entsteht eine Hämorrhagie von einigen Zentimetern Durchmesser. Im Verlauf von acht bis zehn Tagen klingen die Schmerzen meist ab. Häufig klagt der Gebissene über Übelkeit und

Schwindelgefühl. In schweren Fällen sind Erbrechen und kardiovaskulärer Kollaps möglich. Tödlich kann der Biss einer Kreuzotter für einen Menschen dann enden, wenn Blutgefäße getroffen wurden.

Bei dem Biss einer Kreuzotter genügt als Behandlung meist die Ruhigstellung des gebissenen Körperteils, die Beruhigung des Patienten und der sofortige Arztbesuch (Spritzen eines Antiserums). Abbinden oder Aussaugen sollte man die Bissstelle nicht.

Als Schutz vor einem Biss reicht normalerweise eine angemessene Bekleidung (z.B. hohe Wanderstiefel, die die Giftzähne der Kreuzotter nicht durchdringen) bei Wanderungen durch Gebiete aus, in denen das Tier vorkommt. Durch festes Auftreten wird die Schlange zur Flucht veranlasst. Die meisten Bissfälle sind durch den betroffenen Menschen selbst verschuldet. Aus Sicht der Schlange, die nur dann aggressiv reagiert, wenn sie gestört oder belästigt wird, sind sie "Notwehr".

Zu den Feinden der Kreuzotter zählen u.a. Igel, Wild- und Hausschweine, Iltisse, Hauskatzen, Hunde und der Mensch.

Die Fortpflanzung der ansonsten solitär lebenden Schlangenart findet im Frühling (April/Mai) statt. In dieser Zeit führen die Männchen ritualisierte Kämpfe um Weibchen und Reviere durch, bei denen sie sich gegeneinander aufrichten und versuchen, sich gegenseitig wegzudrücken. Sie fügen sich dabei jedoch keinen Schaden zu.

Im August/September bringt das Weibchen sechs bis zwanzig Junge von je 15 bis 20 Zentimetern Länge zur Welt, die bereits im Körper des Muttertieres aus den Eiern geschlüpft sind. In Gegenden mit kurzer Sommerzeit und geringer Durchschnittstemperatur werden die Jungen nicht mehr im Spätsommer geboren; das Weibchen überwintert stattdessen mit den Embryonen. Die Geburt findet erst im darauffolgenden Sommer statt.

Literatur- und Abbildungsnachweis:

BLAUSCHECK 1989; BÖHME 1984; BURTON o.J.; ENGELMANN 1986; SIELMANN 1981; Abb.: Archiv der Autoren

Gemeine Kreuzspinne

<u>Lehrererzählung</u>

Vor Spinnen haben viele Menschen riesige Angst. Taucht eine Spinne in der Wohnung auf, geschieht fast immer dasselbe mit ihr: Sie wird umgebracht. Besonders fürchten sich viele Menschen vor der Kreuzspinne: Sie hat ihren Namen von dem weißen Kreuz, das sich auf ihrem Hinterleib befindet. Wegen dieses Musters ist das Gerücht entstanden, dass der Biss einer Kreuzspinne für den Menschen tödlich sei. Das Gift der Kreuzspinne kann dem Menschen aber nichts anhaben, sondern sie tötet damit lediglich ihre Beute.

Zuerst aber muss die Kreuzspinne ihre Beute fangen. Sie baut dazu ein kunstvolles Radnetz: An ihrem Hinterleib befinden sich Spinndrüsen, aus denen sie ganz dünne Fäden ausscheiden kann. Zuerst setzt sie sich auf eine erhöhte Stelle und lässt einen Faden in der Luft flattern. Klebt dieser an einer Stelle fest, hat sie eine Brücke, über die sie laufen kann. Vom Mittelpunkt dieser Brücke aus bringt sie zahlreiche Fäden an, die wie die Speichen eines Rades angeordnet sind. Diese Speichen werden dann mit Kreisen von klebrigen Fäden verbunden. Nur etwa eine dreiviertel Stunde benötigt eine Kreuzspinne zum Bau eines solchen Radnetzes.

Wenn das Netz fertig ist, setzt sich die Kreuzspinne in einem Versteck auf die Lauer. Sie wartet auf Fliegen und andere Insekten, die sich in den Fäden ihres klebrigen Netzes verfangen. Mit ihren Beinen spürt sie die kleinsten Erschütterungen. Sie eilt blitzschnell herbei, wenn sich ein Insekt in ihrem Netz gefangen hat. Durch einen Biss mit ihren großen, am Kopf befindlichen Zangen, aus denen Gift ausströmt, tötet sie die Beute. Anschließend umwickelt sie diese mit Fäden und saugt sie aus. Wenn die Kreuzspinne keinen Hunger hat, wird die eingesponnene Beute im Radnetz aufgehängt und später gefressen. Da das Netz leicht zerreißt und auch nicht mehr klebrig ist, wenn es nass wird, muss die Kreuzspinne es etwa alle zwei Tage neu bauen.

Im Spätherbst legt die Kreuzspinne ungefähr 50 Eier. Diese spinnt sie mit gelben Fäden ein und versteckt sie sorgfältig in Spalten von Bäumen. Im Frühjahr schlüpfen die kleinen Spinnen aus den Eiern aus. Schon bald beginnen sie mit dem Bau von Netzen. Sie können dies, ohne es vorher von ihren Eltern gelernt zu haben.

Spinnen erkennt man übrigens daran, dass sie acht Beine besitzen und nicht "nur" sechs Beine wie Käfer, Fliegen und alle anderen Insekten.

Spinnen sind eigentlich schöne Tiere. Es lohnt sich, ihnen einmal genauer zuzuschauen, um noch mehr über ihre interessante Lebensweise zu erfahren.

Gemeine Kreuzspinne

Schüler-Arbeitsblatt

(1) Woran erkennt man eine Kreuzspinne?

_____

_____

(2) Die Kreuzspinne hat wie alle Spinnen . . . . . . Beinpaare

(3) Wie erkennt die Kreuzspinne, dass sich ein Insekt in ihrem Netz verfangen hat?

_____

_____

_____

(4) Kleine Insekten tötet die Kreuzspinne mit ihrem Gift sofort. Große Insekten spinnt sie zuerst vorsichtig ein und nähert sich erst dann, um sie zu töten. Versuche dies zu erklären!

_____

_____

_____

_____

(5) Junge Spinnen können Netze bauen, ohne dies vorher gelernt zu haben. Wieso?

_____

_____

_____

_____

Gemeine Kreuzspinne

<u>Schüler-Arbeitsblatt</u>

(1) Woran erkennt man eine Kreuzspinne?

Sie   hat   ein   weißes   Kreuz   auf   der

Oberseite des Hinterleibs.

(2) Die Kreuzspinne hat wie alle Spinnen <u> 4 </u> Beinpaare

(3) Wie erkennt die Kreuzspinne, dass sich ein Insekt in ihrem Netz verfangen hat?

Die   Kreuzspinne   sitzt   am   Rand   ihres   Netzes.   Fliegt   ein   Insekt   in

das   Netz,   kann   sie   mit   ihren   Beinen   die   Bewegungen

(Erschütterungen) wahrnehmen.

(4) Kleine Insekten tötet die Kreuzspinne mit ihrem Gift sofort. Große Insekten spinnt sie zuerst vorsichtig ein und nähert sich erst dann, um sie zu töten. Versuche dies zu erklären!

Große   Insekten   -   zum   Beispiel   Wespen   -   könnten   für   die

Kreuzspinne   gefährlich   werden.   Deshalb   wickelt   sie   solche   Insekten

zuerst   vorsichtig   mit   Spinnfäden   ein,   so   dass   sie   sich   nicht   mehr

bewegen können.

(5) Junge Spinnen können Netze bauen, ohne dies vorher gelernt zu haben. Wieso?

Die   Fähigkeit,   ein   kompliziertes   Netz   zu   bauen,   ist   ihnen   angeboren.

Junge   Kreuzspinnen   wachsen   nämlich   ohne   ihre   Mutter   heran.   Sie

können   das   Bauen   des   Netzes   also   nicht   von   ihr   erlernen.

<u>Lehrerinformation</u>

Die Familie der Radnetzspinnen enthält Hunderte von Arten. Zu der wichtigsten Gattung Araneus gehört u.a. die Gartenkreuzspinne oder Gemeine Kreuzspinne (Weibchen 12 mm; Männchen 8 mm). Diese Art variiert in der Färbung von braun oder ocker bis rot. Auf dem ungegliederten Hinterleib trägt sie eine charakteristische weiße Kreuzzeichnung. Kopf und Brust sind zu einem kleineren Kopfbruststück verwachsen.

Wie alle Spinnentiere hat die Kreuzspinne vier Beinpaare und zwei Paar Mundwerkzeuge, aber keine Fühler! Sie sieht mit acht Punktaugen, die in zwei Reihen angeordnet sind. Trotzdem kann die Spinne nicht gut sehen. Viele Spinnentiere besitzen daher zum Aufspüren der Beute noch spezielle Sinneshaare an ihren Gliedmaßen.

Durch die Einschnürung bleibt der Hinterleib gegen das Kopfbruststück beweglich und nach allen Richtungen schwenkbar, was wichtig für das Spinnen ist. Am Ende des Hinterleibs sitzen sechs Spinnwarzen. Je nach Bedarf kann die Kreuzspinne starre oder elastische, dicke oder dünne, trockene oder klebrige Fäden aus den verschiedenen Drüsenarten austreten lassen.

Die Gemeine Kreuzspinne ist eine häufige und weit verbreitete Art und in fast allen Lebensräumen zu finden. Die kreisförmigen Netze sind recht groß (etwa 18 cm Durchmesser); sie hängen meist in einer Höhe von 1,5 - 2,5 m über dem Boden. Die Kreuzspinne hängt bei Tage meist kopfunter im Zentrum der enggewebten Nabe oder Warte des Netzes und lauert auf Beute. Das klebrige Netz dient als Leimrute für den Insektenfang; Fliegen bilden die Hauptnahrung.

Wenn sich ein Beutetier im Netz verfängt, spinnt sie das Opfer mit schnellen Bewegungen ein und tötet es mit den Giftklauen, die Teil der Mundwerkzeuge sind. Die Spinne frisst ihre Opfer nicht, sondern löst deren Weichteile mit Verdauungssaft auf und saugt sie dann auf. Wenn sie mehr Beute fängt, als sie auf einmal bewältigen kann, hängt sie die eingesponnenen Opfer an der Warte auf. Ihre Tagesration beträgt 3-4 große Fliegen. Wenn Regen oder Wind das Netz zerstören und sie dadurch nichts fangen kann, muss die Spinne auch längeres Fasten vertragen können. - Sie erneuert ihr Netz alle 1-2 Tage. Zur Herstellung des Netzes braucht sie 18-20 m Faden und etwa 40 Minuten Zeit.

Spinnen leben einzeln. Im Spätsommer jedoch suchen die Männchen die Netze der Weibchen auf. Sie kleben einen Signalfaden am Netz fest und zupfen daran; so machen sie auf sich aufmerksam. Dabei kann es vorkommen, dass das Weibchen den Bewerber auffrisst.

Die Kreuzspinne überlebt den Winter nicht. Das Weibchen legt etwa 50-60 gelbliche Eier und spinnt sie in einen festen gelblichen Kokon ein. Daraus schlüpfen dann im Frühjahr fertige Jungspinnen, die sich nicht verwandeln (also keine Metamorphose haben wie die Insekten), sondern nur mehrfach häuten bis sie ausgewachsen sind.

Literatur- und Abbildungsnachweis:

DIRCKSEN 1960; GRASHOFF 1964; HAGER 1972; Abb.: Archiv der Autoren

Maulwurf

Rätsel: Gesucht ist ein Tier. Es arbeitet unter der Erde und baut doch hoch hinaus; es kann zwar gar nichts sehen, doch kennt es sich im Dunkeln ausgezeichnet aus. Was ist das?

Wer einen Garten hat, wird sich manchmal über ihn ärgern, weil er in den Beeten und auf der Wiese seine Spuren hinterlässt. Maulwurfshaufen kennt jeder. Sie zeigen die Tätigkeit eines Tieres an, das früher anders hieß, nämlich Moltewurf (Molte = Erde): der Erdwerfer.

Die Vorderbeine des Maulwurfs sind so gebaut, dass er mit ihnen vorzüglich graben kann. Sie sind schaufelförmig und mit scharfen Krallen versehen. Mit diesen Grabschaufeln kann er die Erde aufkratzen, an die Wand seiner Gänge drücken oder an die Erdoberfläche befördern.

Manchmal findet man einen toten Maulwurf. Man sieht, dass er rund wie eine Walze ist. Wenn man über das Fell streicht, spürt man, dass es ganz weich ist, und die Haare sich nach allen Richtungen glattstreichen lassen. Deswegen kann er sich in den Gängen einfach vor- und rückwärts bewegen. Wegen des schönen weichen Fells hat man früher sogar Pelzmäntel aus Maulwurfsfellen gemacht.

Die unterirdischen Gänge des "Moltewürfchens" bilden ein zusammenhängendes Netz. Sie verlaufen etwa 10-60 cm unter der Erdoberfläche.

Der Maulwurf ernährt sich ausschließlich von Tieren. Regelmäßig durchstreift er seine Jagdgänge auf der Suche nach Regenwürmern und Insekten. Aber er überwältigt selbst Frösche und Mäuse. Nur selten kommt er bei seinen Jagdzügen auch an die Erdoberfläche.

Im Herbst betreibt er eine bemerkenswerte Art der Vorratshaltung. In seinen Vorratskammern finden sich vor allem Regenwürmer, manchmal mehrere hundert. Er beißt ihnen das Vorderende ab. Sie leben zwar dann noch weiter, können sich aber nicht mehr fortbewegen und wegkriechen. Auf diese Weise hat der Maulwurf immer frische Nahrung.

Maulwurf

(1) Der Maulwurf lebt fast nur unter der Erde. Nenne drei Merkmale, die ihn besonders geeignet für diese Lebensweise machen! Das Bild hilft Dir dabei.

    1. _____

       _____

    2. _____

       _____

    3. _____

       _____

(2) Woran erkennt man, dass ein Maulwurf im Garten ist?

_____

_____

(3) Wovon ernährt sich der Maulwurf im Winter?

_____

_____

_____

(4) Manchmal wird der Salat im Garten plötzlich gelb. Wenn man nachschaut, sieht man, dass die Wurzeln abgefressen worden sind. Könnte das der Maulwurf gemacht haben?

_____

_____

Maulwurf

<u>Schüler-Arbeitsblatt</u>

(1) Der Maulwurf lebt fast nur unter der Erde. Nenne drei Merkmale, die ihn besonders geeignet für diese Lebensweise machen! Das Bild hilft Dir dabei.

    1. *Der Maulwurf hat schaufelförmige*

      Vorderbeine mit scharfen Krallen.

    2. *Sein Körper ist rund wie eine Walze.*

    3. *Die Haare des Fells können sich in*

      jeder Richtung anlegen.

(2) Woran erkennt man, dass ein Maulwurf im Garten ist?

An den Maulwurfshaufen

(3) Wovon ernährt sich der Maulwurf im Winter?

Von einem Vorrat von Regenwürmern, denen er das Vorderende abgebissen

hat, sodass sie sich nicht mehr bewegen können.

(4) Manchmal wird der Salat im Garten plötzlich gelb. Wenn man nachschaut, sieht man, dass die Wurzeln abgefressen worden sind. Könnte das der Maulwurf gemacht haben?

Nein, denn er frisst nur Tiere, aber keine Wurzeln (oder Pflanzen).

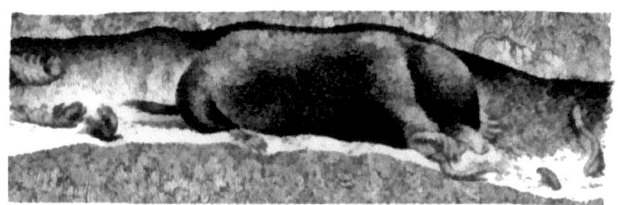

Lehrerinformation

Der Europäische Maulwurf gehört zusammen mit den Igeln und Spitzmäusen zur Ordnung der Insektenfresser.

Er ist etwa 17 cm lang, die Weibchen sind immer kleiner als die Männchen; das Gewicht beträgt 65-100g, je nach Futterreichtum des Lebensraums. Der Körper ist walzenförmig. Der kleine Kopf sitzt ohne erkennbaren Hals am Rumpf und endet mit einem Rüssel. Die Ohröffnungen sind ohne Muscheln, verschließbar und im Pelz verborgen. Er hat mohnkorngroße Augen; beim Hervordrücken legen sich die Haare, die sie bedecken, sternförmig nach allen Seiten um, so werden die Augen freigelegt.

Das Fell ist samtartig, sehr dicht und ohne Strich. Dadurch kann der Maulwurf in seinen Gängen ebensogut vorwärts wie rückwärts laufen. Der Maulwurf hat breite Grabhände, deren Innenflächen nach außen gedreht sind; die Hinterfüße sind dagegen nicht besonders kräftig.

Der Maulwurf ist in fast ganz Europa zu finden; in den Alpen bis 2000 m Höhe.

Der Name Maulwurf hat nichts mit Maul zu tun, sondern kommt von „ahd" Molte = Erde, bedeutet also "Erdwerfer".

Maulwürfe bevorzugen lockeren, fruchtbaren, gut bewachsenen Boden. Sie lebten ursprünglich im Laubwald, sind inzwischen aber viel häufiger auf Wiesen und Weiden zu finden. Sie graben ihre Gänge in einer Tiefe von 10-60 cm je nach Bodenbeschaffenheit.

Der Maulwurfsbau besteht aus einer Wohnkammer, die sich unter einem Hügel befindet. Von dort führen Verbindungswege mit festen glatten Wänden in ein verzweigtes Netz von Jagdröhren. Maulwürfe ernähren sich ausschließlich von Tieren, auf die sie vor allem unter der Erde Jagd machen. In ihren Jagdröhren erbeuten sie Bodentiere, die in die Gänge eingedrungen sind, hauptsächlich Regenwürmer und Insektenlarven, aber auch Asseln, Spinnen, Tausendfüßler, Insekten, Lurche, Kriechtiere und Mäuse.

Im Winter legen die Maulwürfe Nahrungsspeicher an. Sie sammeln in Kammern in der Nähe des Nestes Haufen von Regenwürmern, denen sie die Vorderenden abbeißen, damit sie nicht fortkriechen können, und andere Beutetiere.

Maulwürfe sind Einzelgänger; wenn zwei aufeinander treffen, kämpfen sie oft miteinander.

Über ihre Fortpflanzung weiß man nicht viel. Die Brunstzeit dauert von März bis Mai oder Juni. Das Männchen dringt dann oft in fremde Baue ein. Trifft es dort auf ein fremdes Männchen, gibt es heftige Kämpfe, an deren Ende oft der Sieger seinen Rivalen verspeist. Auch wenn das Männchen einem Weibchen begegnet, bekämpfen sie sich zunächst. Sie gehen dann eine Weile gemeinsam auf die Jagd, bis das Weibchen eine Brutkammer mit einem weichen Nest anlegt. Das Weibchen bekommt einmal im Jahr vier bis fünf Junge (meist im Mai), die von der Mutter betreut und bei Gefahr in ein anderes Nest getragen werden. Die Jungen sind nach zwei Monaten selbständig, mit einem Jahr erwachsen. Maulwürfe werden etwa drei bis vier Jahre alt.

Maulwürfe wurden bis vor einigen Jahrzehnten als Schädlinge angesehen und getötet, da sie durch ihre Gänge und Erdhaufen angeblich die Landwirtschaft und Gärtnerei störten. (Manchmal werden sie auch mit der großen Wühlmaus verwechselt, die ebenfalls unterirdische Gänge mit Erdhaufen baut, sich aber von Pflanzenwurzeln ernährt und damit Pflanzen zum Absterben bringt.)

In Deutschland ist heute das unbefugte Fangen von Maulwürfen auf fremden Grundstücken verboten.

Die wichtigsten tierischen Feinde des Maulwurfs sind Eulen, Greifvögel, Krähen. Auch Marder, Füchse und Hunde beißen gelegentlich Maulwürfe tot, fressen sie meist aber nicht.

Maulwurfsfelle trug man schon in Altertum und Mittelalter, und auch in den zwanziger Jahren dieses Jahrhunderts waren gefärbte Maulwurfsfelle in Mode. Man trägt sie heute kaum noch, da sie schwer zu bearbeiten und wenig dauerhaft sind, weil sich die feinen Haare leicht abwetzen.

Literatur- und Abbildungsnachweis:

Sielmann 1981; Abb.: Archiv der Autoren

Rauchschwalbe

Ab April kann man bei uns Rauchschwalben beobachten. Männchen und Weibchen haben eine rotbraune Kehle und einen weißen Bauch. Der übrige Körper schillert blauschwarz. Besonders gut kann man Männchen der Rauchschwalben an ihren langen Schwanzspießen erkennen.

Sie sind sehr gute Flieger, die kleine Insekten ausschließlich im Flug jagen. Deshalb haben Rauchschwalben auch besonders breite Schnäbel, die sie weit aufsperren können.

Rauchschwalben halten sich fast nur in der Nähe menschlicher Siedlungen auf. Besonders häufig trifft man sie in ländlichen Gebieten an, weil es hier viele Fliegen und Mücken gibt, die vom Vieh angelockt werden.

Rauchschwalben sind nicht scheu. Sie nisten vor allem in Ställen. Deshalb werden sie auch manchmal "Kuhstallschwalben" genannt. Sogar in belebten Wirtsstuben und Maschinenhallen ziehen sie ihre Jungen groß. Dass sie dabei über die Köpfe von Menschen fliegen und deren Lärm aushalten müssen, scheint sie beim Brüten und beim Füttern der Jungen nicht zu stören.

Rauchschwalben bauen ihre Nester einige Zentimeter unter die Decke an eine Wand. Die Nestöffnung ist oben. Das Baumaterial der Nester ist Lehm. Durch viele herabhängende Grasfransen sehen die kugeligen Lehmnester unordentlich aus.

Rechtzeitig, etwa ab September, bevor das Nahrungsangebot knapp wird, treten die Rauchschwalben wieder ihren langen Weg nach Afrika an. Um ihr Winterquartier zu erreichen, müssen sie bis zu 11.000 km fliegen.

Rauchschwalben haben bei uns in den letzten Jahren stark abgenommen. Zum Teil fehlt ihnen Lehm zum Nestbau; zum Teil sterben sie an durch Spritzmittel vergifteten Insekten, die sie gefressen haben.

Rauchschwalbe

<u>Schüler-Arbeitsblatt</u>

1. Warum können Rauchschwalben in großer Zahl in Dörfern leben, also in der Nähe des Menschen?

   _____

   _____

   _____

2. Welcher andere Name wird manchmal für die Rauchschwalbe auch gebraucht?

   _____

   _____

3. Rauchschwalben haben ein bestimmtes Aussehen. Woran erkennt man eine Rauchschwalbe?

   _____

   _____

4. Rauchschwalben würden den Winter bei uns nicht überleben.
   Nenne den wichtigsten Grund hierfür!

   _____

   _____

Rauchschwalbe

<u>Schüler-Arbeitsblatt</u>

1. Warum können Rauchschwalben in großer Zahl in Dörfern leben, also in der Nähe des Menschen?

    Sie finden dort 1. genug Insekten, 2. feuchten Lehm zum Nestbau,

    3. geeignete Nistplätze _____

    _____

2. Welcher andere Name wird manchmal für die Rauchschwalbe auch gebraucht?

    Kuhstallschwalbe, weil sie bei uns vor allem in solchen Ställen

    brütet. ___

3. Rauchschwalben haben ein bestimmtes Aussehen. Woran erkennt man eine Rauchschwalbe?

    Blauschwarz schillerndes Gefieder, aber rotbraune Kehle, weißer

    Bauch, zudem lange Schwanzspieße (Federn) _____

4. Rauchschwalben würden den Winter bei uns nicht überleben.
    Nenne den wichtigsten Grund hierfür!

    Sie finden im Winter nicht genug (in der Luft fliegende)

    Insekten. _____

Die Rauchschwalbe ist die bekannteste heimische Schwalbe, z.B. bekannter als die Mehlschwalbe, von der sie sich durch die langen Spieße, die rostrote Gesichtszeichnung, die blauglänzende Oberseite, vor allem aber dem fehlenden weißen Bürzel unterscheidet.

Die Rauchschwalbe heißt auch Stallschwalbe, denn sie baut ihr Nest nicht wie die Mehlschwalbe außen an die Häuser, sondern geht in die Gebäude hinein und bevorzugt Ställe, die ein offenes Fenster haben.

Ihr Nest hat die Form einer Viertelkugel, ist oben offen und klebt meist an der Wand; es wird aus speichelvermengten Lehmbröckchen sowie Gras- und Strohhalmen zusammengemauert.

Wie die Mehlschwalbe, der Hausrotschwanz und die Schleiereule war die Rauchschwalbe ursprünglich ein Felsbewohner, bis sie sich den Bauten der Menschen angeschlossen hat.

Die Rauchschwalbe ist etwa 18 cm lang und 20 g schwer. Die weite Verbreitung reicht über Europa, Asien, Nordafrika und Nordamerika. In ländlichen Siedlungen Deutschlands kommt sie überall vor. Sie ist ein Zugvogel und verbringt, wie viele europäische Vögel, den Winter im tropischen Afrika.

Die Rauchschwalbe jagt in offenem Gelände, gern in der Nähe von Wasser und über Wiesen. Sie kann nicht nur schnell, sondern auch wendig fliegen, zudem besitzt sie scharfe Augen. Dies ist Voraussetzung für ihre Art des Nahrungserwerbs: Sie lebt fast ausschließlich von fliegenden Insekten.

In Deutschland treffen die Schwalben im April ein, um zu brüten. Paare bilden sich nur für eine Brut und das Weibchen brütet und füttert alleine. Meist kommt es im Sommer zu einer zweiten Brut. Bei schlechter Witterung kann es in diesem Fall passieren, dass die Tiere nicht rechtzeitig ihr Sommerquartier verlassen können und dann verhungern.

Da im selben Nest oft zweimal im Jahr vier bis fünf Junge großgezogen werden, hat die Rauchschwalbe mehr als andere Vögel unter Schmarotzern, besonders Milben, Wanzen, Flöhen und Lausfliegen zu leiden. Schwalbennester an oder in Häusern können auch für den Menschen ein Ärgernis darstellen, weil die Jungtiere ihren Kot über den Nestrand entleeren, während bei anderen Vögeln die Alten den Kot aufnehmen und forttragen.

Ein Feind der Schwalben ist der Baumfalke, der sie im Flug verfolgt. Für den Bestand an Schwalben sind die Verluste durch Falken jedoch belanglos. Bedeutend mehr Schwalben werden durch Schlechtwetterperioden, "Futterknappheit" in modernen Viehställen und Insektenvertilgungsmittel vernichtet.

Literatur- und Abbildungsnachweis:

CREUTZ 1964; PERRINS 1987; Abb.: Archiv der Autoren

Rothirsch

Solltest Du einmal im Oktober in der Dämmerung im Wald spazieren gehen, kannst Du vielleicht röhrende Schreie hören. Wenn Du viel Glück hast, wirst Du folgendes Erlebnis haben:

Ein kräftiger Rothirsch steht auf einer Waldlichtung. In seiner Nähe äsen Weibchen. Er röhrt, und aus seiner Nähe kommt Antwort. Ein zweiter Hirsch tritt aus dem Wald. Beide gehen langsam aufeinander zu, stellen sich gegenüber. Sie senken den Kopf, stoßen ihre Geweihe mit lautem Krachen gegeneinander. Die Geweihe verhaken sich, sodass sich die Tiere kaum verletzen können. Sie stemmen sich gegeneinander und jeder versucht, den anderen zurückzudrängen.

Der Angreifer erweist sich als schwächer. Plötzlich gibt er den Kampf auf und läuft schnell in den Wald. Der Sieger verfolgt ihn nur ein kurzes Stück, röhrt dann laut und kehrt zu den Weibchen zurück.

Die Kämpfe der Rothirsche um ein Weibchenrudel erfolgen stets in dieser Weise. Nie wird ein Hirsch plötzlich aus dem Dickicht springen und sein Geweih einem anderen in die leicht verwundbare Seite stoßen. Es sieht so aus, als ob die Hirsche nach bestimmten Regeln kämpfen. Es sind aber nicht Regeln, die sie vereinbart haben. Vielmehr handelt es sich um Verhalten, das sie nicht erst lernen müssen. Sie haben es geerbt - so wie Säuglinge von Geburt an saugen können.
Bei dieser Art des Kampfes wird das schwächere Tier in der Regel nicht ernsthaft verletzt oder gar getötet. Schwer verwundet könnte es den Feinden viel leichter zum Opfer fallen.

Das Auffälligste an einem Rothirsch ist das Geweih, das allerdings nur die Männchen tragen. Es besteht aus abgestorbenen Knochen. Das Geweih wird in jedem Frühjahr, meist im März, abgeworfen. Es ist erstaunlich, dass ein Hirsch innerhalb von etwa 100 Tagen ein neues Geweih bilden kann, das mehrere Kilo wiegt. Das wachsende, noch weiche Geweih wird von einer Haut, dem Bast, eingehüllt. Im Juli reibt der Hirsch den Bast an Bäumen ab, d.h., er fegt sein Geweih.

Es trifft nicht zu, dass man das Alter eines Hirsches an der Zahl der Geweihenden ablesen kann. Vielmehr hat er ein starkes und am meisten verzweigtes Geweih, wenn er 10 bis 14 Jahre alt ist.

Rothirsch

<u>Schüler-Arbeitsblatt</u>

1. Wozu besitzen die Rothirsch-Männchen
   ein Geweih?

   _____

   _____ .

2. Rothirsche kämpfen nach
   bestimmten Regeln. Aus
   welchem Grund beherr-
   schen sie diese Regeln?

   _____

   _____

   _____ .

   _____

3. Wann wirft ein Hirsch sein Geweih ab?

   _____ .

4. Was ist ein Zwölfender?

   _____

   _____

   _____

   _____ .

5. Es könnte dir einmal passieren, dass du im Juli im Wald an einer Baumrinde
   Hautfetzen entdeckst. Wie lässt sich das erklären?

   _____

   _____ .

   Bei diesem Vorgang wird das Geweih _____ .

   Die Haut bezeichnet man auch als _____ .

Rothirsch

1. Wozu besitzen die Rothirsch-Männchen ein Geweih?

   Mit dem Geweih können sie mit anderen Rothirschmännchen kämpfen.

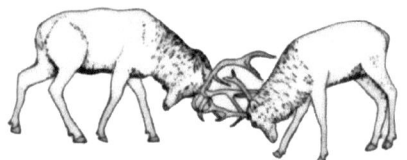

2. Rothirsche kämpfen nach bestimmten Regeln. Aus welchem Grund beherrschen sie diese Regeln?

Sie müssen sie nicht lernen, sondern sie sind angeboren.

3. Wann wirft ein Hirsch sein Geweih ab?

   Im März.

4. Was ist ein Zwölfender?

   Als Zwölfender bezeichnet man das Geweih eines älteren Rothirsches, bei dem sich aus den beiden Gabeln des Geweihes insgesamt zwölf Enden aufgebaut haben.

5. Es könnte dir einmal passieren, dass du im Juli im Wald an einer Baumrinde Hautfetzen entdeckst. Wie lässt sich das erklären?

   Die Hautfetzen stammen vom Rothirsch, der im Juli sein Geweih an Bäumen reibt.

   Bei diesem Vorgang wird das Geweih *gefegt.*

   Die Haut bezeichnet man auch als *Bast.*

Der Rothirsch (Cervus elaphus Linné 1758) gehört zur Ordnung der Paarhufer. Ein männlicher Rothirsch ist zwischen 1,85 m und 2,15 m lang und kann bis zu 200 kg wiegen. Das Höchstalter beträgt 15-20 Jahre. Sein Fell ist im Sommer kurz, dünn und rotbraun. Das Winterfell ist fast doppelt so lang, dunkler und mit grauem Farbton sowie einem dunklen Längsstreifen auf dem Rücken. Das Jugendkleid ist weißgefleckt. Die Hirschkuh ist viel kleiner als der Hirsch und trägt eine dunkle Halsmähne, den Kragen.

Am augenfälligsten unterscheidet sich das Rothirschmännchen vom Weibchen durch das Geweih. Das Aussehen des Geweihes hängt von der Kondition des Hirsches und dem Nahrungsangebot ab. Im zweiten Lebensjahr sind es zwei einfache Spieße, die im folgenden Jahr zu Gabeln erweitert werden, wobei zu diesem Zeitpunkt schon ein Sechsender entstehen kann. Ältere Hirsche können 24 und mehr Enden aufbauen.

Bevorzugter Lebensraum der Rothirsche sind lichte Laub-, Misch-, aber auch Nadelwälder mit dichten Schonungen. Tagsüber verbergen sie sich in Wäldern, nachts ziehen sie zum Äsen auf Wiesen und Felder.

Aus höheren Gebirgen, vor allem den Alpen, wandern sie im Winter ins Tal, wo sie aufgrund günstigerer Klimabedingungen ein besseres Nahrungsangebot finden. Forst- und Landwirtschaft, Zersiedlung der Landschaft, vor allem Straßen usw., machen den Tieren solche Talwanderungen in vielen Gebieten heute allerdings unmöglich, sodass sie im Winter in Gattern gehalten und gefüttert werden.

Rothirsche sind reine Pflanzenfresser und haben - ähnlich wie Rinder - einen Wiederkäuermagen. Dieser ist vierkammerig und kann die schwer verdaubare Zellulose aufschließen und verwertbar machen. Die Hauptnahrung besteht aus Laub, jungen Trieben, Baumrinde, Bucheckern, Eicheln, verschiedenen Feldfrüchten (Kartoffeln) und Obst. Im Herbst legen sich die Tiere Winterspeck an.

Die meiste Zeit des Jahres leben die erwachsenen Männchen in separaten Rudeln von sechs bis zwölf Individuen zusammen, fern von den Rudeln der Hirschkühe, Jungtiere und Kälber. Zur Brunstzeit, im Herbst, lösen sich die Männchenrudel auf, und die Hirsche versuchen, sich einem Weibchenrudel anzuschließen. Haben sie ein solches Rudel 'erobert', verteidigen sie es heftig gegen andere Männchen.

Erst im Mai oder Juni setzt sich die Hirschkuh vom Rudel ab und gebärt ein, selten zwei Jungtier(e). Die Geburt dauert kaum länger als zehn Minuten. Das Junge wird in einem Versteck abgelegt und am Anfang nur zum Säugen aufgesucht. Die Stillzeit dauert bis zur nächsten Brunstzeit an. Das Jungtier bleibt bis zur Geburt der nächsten Jungen bei seiner Mutter und danach meist in ihrem Rudel.

Etwa 180.000 Rothirsche gibt es in der Bundesrepublik Deutschland. Ihre Zahl hat in den letzten Jahrzehnten stark zugenommen. Früher wurden die Rothirsche von Luchs und Wolf verfolgt, heute haben sie bei uns keine natürlichen Feinde mehr. Besonders die intensive Winterfütterung hat zu ihrer starken Vermehrung beigetragen. Zu viele Hirsche sind eine Gefahr für den Wald, denn sie zerbeißen die Äste und Blätter vieler junger Laubbäume.

Literatur- und Abbildungsnachweis:

SIELMANN 1981; Abb.: Archiv der Autoren

Stubenfliege

Lehrererzählung

Im Sommer umschwirren uns oft Plagegeister, oder sie lassen sich auf unserem Essen nieder. Meist sind es Stubenfliegen, heute unsere häufigsten Hausgenossen. Wo es Haustiere oder Dungstellen gibt, sind sie besonders zahlreich.

Obwohl sie uns oft lästig sind, kann man sie auch bewundern. Schon wer eine solche Fliege fangen will, kann nur staunen - oder sich ärgern - wie geschickt sie beim Fliegen zu steuern vermag und plötzlich die Richtung verändern kann. Eine Stubenfliege kann in einer Sekunde 1,7 m weit fliegen. Dabei bewegt sie ihre Flügel etwa 300mal in einer Sekunde. Deshalb kann man sie auch beim Fliegen nicht genau betrachten, sondern erst, wenn sie sich auf einem Stück Zucker oder einem anderen Nahrungsgegenstand niedergelassen hat.

Wohl jeder kennt Stubenfliegen. Sie sind schwärzlich gefärbt und haben einen dicken Kopf mit halbkugeligen großen Augen. Mit ihren zwei kurzen Fühlern riechen sie. Dagegen dienen ihre Mundwerkzeuge, die wie ein kleiner Rüssel aussehen, aber auch die Fußspitzen, zum Schmecken. Deshalb muss eine solche Fliege auf allen Gegenständen herumkrabbeln; nur so kann sie feststellen, ob es etwas für sie Essbares ist. Hat sie zum Beispiel ein Stück Zucker entdeckt, dann kann sie trotzdem nicht sofort davon naschen. Zuerst muss sie Speichel absondern und damit den Zucker verflüssigen. Dann saugt sie mit dem Rüssel diese verflüssigte Nahrung ein.

Zur Fortpflanzung legt das Weibchen seine Eier in Mist oder anderen faulenden Abfallstoffen ab. Schon nach wenigen Tagen schlüpfen daraus weiße wurmförmige Larven, die auch Maden genannt werden. Sie können die Abfallstoffe mit der gesamten Haut aufnehmen. Nach einigen Tagen erstarrt ihre Haut zu einer festen Hülle. Aus den Larven wird so die unbewegliche Puppe, in der sich eine fertige Fliege entwickelt. Diese schlüpft nach einer Woche aus der Puppe - und sie fliegt davon.

Da die Stubenfliege nicht nur an unseren Nahrungsmitteln leckt, sondern auch Kot, Mist und eiternde Wunden aufsucht, stellt sie für uns eine Gefahrenquelle dar, denn sie kann Krankheitserreger auf uns übertragen. Deshalb ist es notwendig, dass Stubenfliegen auf verschiedene Weise bekämpft werden. Man sollte aber auch immer wieder bedenken, welche erstaunliche Leistung ein solches Tier vollbringen kann, wenn man wieder einmal eines gefangen hat.

Stubenfliege

Schüler-Arbeitsblatt

1. Eine Stubenfliege hat beim Fliegen ein

    erstaunliches Tempo. In einer Sekunde kann sie

    ___ zurücklegen. In derselben Zeit bewegt sie ihre

    Flügel etwa _____.

    Du kannst ja zum Vergleich einmal messen, wie oft du die Finger einer Hand in einer Minute auf und ab bewegen kannst!

2. Um zu erkennen, ob ein Gegenstand für die Stubenfliege essbar ist, hat sie zwei Sinnesorgane; welche?

    _____

3. Stubenfliegen legen ihre Eier in _____ ab. Aus

    den Eiern schlüpfen Larven, die _____ und _____ sind; sie werden

    deshalb auch _____ genannt. Nach einigen Tagen wird daraus die

    unbewegliche _____. Aus der Puppe schlüpft nach etwa einer Woche die

    _____.

4. Stubenfliegen sind in der Natur sehr nützlich; kannst du dir vorstellen, warum dies so ist?

    _____

    _____

5. Stubenfliegen sind für uns nicht nur lästig, sondern können für uns auch gefährlich werden; erkläre warum!

    _____

    _____

    _____

Stubenfliege

<u>Schüler-Arbeitsblatt</u>

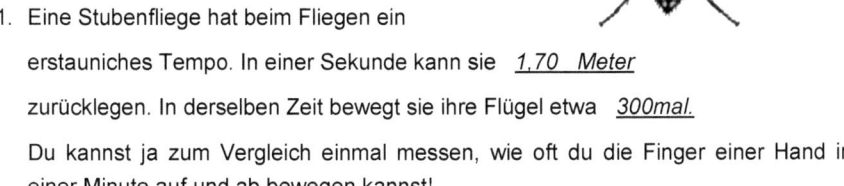

1. Eine Stubenfliege hat beim Fliegen ein

   erstauniches Tempo. In einer Sekunde kann sie *1,70   Meter*

   zurücklegen. In derselben Zeit bewegt sie ihre Flügel etwa *300mal.*

   Du kannst ja zum Vergleich einmal messen, wie oft du die Finger einer Hand in
   einer Minute auf und ab bewegen kannst!

2. Um zu erkennen, ob ein Gegenstand für die Stubenfliege essbar ist, hat sie zwei
   Sinnesorgane; welche?

   Rüssel und Fußspitzen

3. Stubenfliegen legen ihre Eier in   *Mist   oder   faulenden   Abfällen*   ab. Aus

   den Eiern schlüpfen Larven, die   *weiß*   und   *wurmförmig*   sind; sie werden

   deshalb auch   *Maden*   genannt. Nach einigen Tagen wird daraus die

   unbewegliche   *Puppe.*   Aus der Puppe schlüpft nach etwa einer Woche die

   fertige   Stubenfliege.

4. Stubenfliegen sind in der Natur sehr nützlich; kannst du dir vorstellen, warum dies
   so ist?

   Die   Larven   der   Stubenfliege   fressen   Abfallstoffe   und

   Kot   auf.

5. Stubenfliegen sind für uns nicht nur lästig, sondern können für uns auch gefährlich
   werden; erkläre warum!

   Da sie nicht nur unsere Nahrungsmittel aufsuchen, sondern zum

   Beispiel auch Mist, Kot und Wunden, können sie auf uns

   verschiedene Krankheitserreger übertragen.

Lehrerinformation

Wenn man eine Stubenfliege fängt und ihre Flügel zählt, erkennt man, dass sie nur ein Paar Flügel besitzt. Das zweite Paar ist zu kleinen Organen reduziert, den Schwingkölbchen (verliert ein Tier ein Schwingkölbchen, kann es nicht mehr richtig fliegen). Insekten, bei denen dies der Fall ist, gehören zur Ordnung der Zweiflügler (Diptera). Zu dieser Gruppe rechnet man Mücken und Fliegen. Die auch häufig in unsere Häuser eindringenden Stechmücken erkennt man an ihrer eher schlanken Gestalt, den vergleichsweise langen Fühlern und Beinen. - Die in den Wohnungen häufigste Fliege heißt strenggenommen Große Stubenfliege. Vor allem im Herbst gibt es relativ häufig eine andere, der Stubenfliege sehr ähnliche Art, den Wadenstecher. Wie der Name sagt, sticht sie vor allem in die Beine und saugt Blut.

Die beweglichen Beine ermöglichen es einer Fliege, schnell zu laufen. An den letzten Fußgliedern befinden sich Haftballen. Diese sind mit vielen feinen Haaren besetzt und bleiben durch ausgesonderte Flüssigkeit stets feucht. Wie zwei Glasplatten fest aneinander haften, wenn man Wasser zwischen sie bringt, haftet die Fliege mit dieser Vorrichtung fest an einer senkrechten Glasplatte oder an der Wand.

Die großen Augen der Stubenfliege bestehen - wie bei allen Insekten - aus Hunderten von Einzelaugen (Facetten), die zu dem Facettenauge zusammengesetzt sind. Übrigens kann man an der Augenform das Geschlecht erkennen: Bei Männchen stoßen die beiden Augen zusammen, bei Weibchen nicht. Diese großen Augen dienen auch dazu, Artgenossen zu sehen, denn "wo Fliegen sind, fliegen Fliegen hin". Diese starke Neigung zur Gruppenbildung führt z.B. auch zum "Fliegenfängereffekt".

Die Eier werden vor allem dort abgelegt, wo sich zersetzendes Pflanzenmaterial befindet (Mist und Kot). Ein Weibchen legt etwa 2.000 Eier mit einer weit herausschiebbaren Legeröhre. Die Stubenfliege durchläuft bei ihrer Entwicklung die typischen Entwicklungsschritte der Insekten mit vollständiger Metamorphose, auch Holometabolie genannt, also Ei - Larve - Puppe - Imago (dies ist eigentlich eine viel bessere Bezeichnung für ein ausgewachsenes und geschlechtsreifes Insekt, die aber in den Schulbüchern leider meist vermieden wird). Die Larven sind beinlos; solche Larven werden auch als Maden bezeichnet. Da die Larven Mist und Kot auffressen, haben sie eine wichtige Funktion im Kreislauf der Stoffe.

Die meisten Krankheitserreger werden zwar in der Larve zerstört und die (!) Imago ist beim Schlüpfen praktisch keimfrei. Da die Fliege jedoch zwischen den verschiedenen Objekten hin- und herfliegt und Nahrungspartikel ausgewürgt werden, spielt die Stubenfliege als möglicher Überträger von Krankheiten eine große Rolle. Infolge der Bekämpfung mit Insektiziden haben sich sogenannte "Stämme" herausgebildet, die gegen solche Giftstoffe resistent sind. In "normalen" Wohnungen wird man heute vor allem mit mechanischen Mitteln versuchen, Stubenfliegen zu bekämpfen.

Literatur- und Abbildungsnachweis:

Abb.: Archiv der Autoren

Tagpfauenauge

Lehrererzählung

Es gibt viele verschiedene bunte Schmetterlinge. Einer hat auf seinen Flügeln vier große Flecken. Sie sehen wie große Augen aus. Oft sitzt dieser Schmetterling mit geschlossenen Flügeln auf einer Blüte. Wenn ein Vogel kommt, der ihn fressen will, öffnet er plötzlich seine Flügel, und den Vogel sehen zwei große unheimliche Augen an. Der Vogel erschrickt und fliegt davon. Da es diesen Schmetterling noch häufig gibt, habt ihr ihn vielleicht schon gesehen. Er heißt Tagpfauenauge.

Schmetterlinge werden nicht als kleine Schmetterlinge geboren. Sie haben eine komplizierte Entwicklung. Das Weibchen des Tagpfauenauges legt Eier ab, und zwar immer auf Brennnesseln. Nach etwa einer Woche schlüpft aus jedem Ei eine winzige Raupe. So eine Raupe wächst schnell, da sie ständig an Brennnesselblättern frisst. Ihre Haut kann nicht so schnell mitwachsen, deshalb muss sie sich mehrmals häuten. Da die Raupe gemeinsam mit ihren Geschwistern auf derselben Pflanze bleibt, kann man sie leicht entdecken. Wenn die Raupe groß genug ist, verfällt sie in Regungslosigkeit. Sie hängt sich mit dem Hinterende an einem selbst gewebten Gespinst auf, also mit dem Kopf nach unten. Man sagt, sie verwandeln sich in eine Puppe. Nach etwa zwei Wochen zerreißt die Haut der Puppe, und hervor kommt ein erwachsenes Tagpfauenauge.

Brennnesseln gibt es sehr viele, sodass das Tagpfauenauge nicht lange suchen muss, wenn es seine Eier ablegen will. Andere Schmetterlinge haben es nicht so einfach: Durch Naturzerstörung sind viele Pflanzen selten geworden oder ganz verschwunden. Manche Schmetterlingsarten sind auch durch Spritzmittel in ihrem Bestand gefährdet.

Das Tagpfauenauge lebt etwa ein Jahr. In dieser Zeit kann ein Weibchen ein- bis zweimal Eier ablegen. Den Winter verbringen Tagpfauenaugen als ausgewachsene Tiere in einem frostgeschützten Unterschlupf, manchmal sogar in Wohnhäusern. Dort verharren sie den ganzen Winter über in völliger Starre. Wenn man einen solchen erstarrten Schmetterling irgendwo im Haus findet, ist er also nicht tot. Am besten, man lässt ihn in Ruhe. Im Frühling kommen sie wieder hervor. Deshalb sieht man Tagpfauenaugen oft schon im zeitigen Frühjahr.

Tagpfauenauge

1. Auf welcher Pflanze legt das Tagpfauenauge seine Eier ab?

   _____

2. Welches sind die vier Abschnitte in der Entwicklung des Tagpfauenauges?

   _____

3. Wie kommen Tagpfauenaugen über den Winter?

   _____

   _____

4. Schildere mit drei Sätzen, wie sich ein Tagpfauenauge mit den großen Flecken auf seinen Flügeln vor Vögeln schützt, die es fressen wollen!

   (a) _____

   _____

   (b) _____

   _____

   (c) _____

   _____

5. Warum sind viele Schmetterlingsarten so selten geworden?

   _____

   _____

   _____

Tagpfauenauge

<u>Schüler-Arbeitsblatt</u>

1. Auf welcher Pflanze legt das Tagpfauenauge seine Eier ab?

Ausschließlich auf Brennnesselpflanzen.

2. Welches sind die vier Abschnitte in der Entwicklung des Tagpfauenauges?

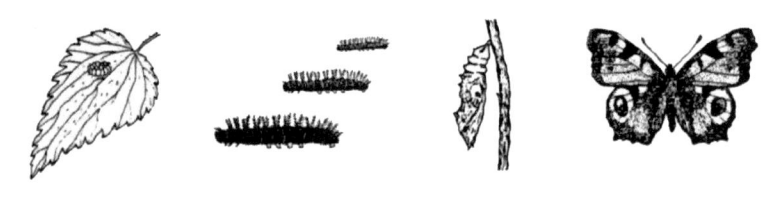

Ei - Raupe - Puppe - erwachsenes Tagpfauenauge.

3. Wie kommen Tagpfauenaugen über den Winter?

Sie überwintern als erwachsene Tiere an frostgeschützten Stellen, auch in Wohnhäusern.

4. Schildere mit drei Sätzen, wie sich ein Tagpfauenauge mit den großen Flecken auf seinen Flügeln vor Vögeln schützt, die es fressen wollen!

(a) *Ein Tagpfauenauge sitzt mit geschlossenen Flügeln auf einer Blüte.*

(b) *Wenn ein Vogel kommt, der es fressen will, öffnet es mit einem Ruck seine Flügel.*

(c) *Den Vogel sehen plötzlich große Augen an; er erschrickt und fliegt fort.*

5. Warum sind viele Schmetterlingsarten so selten geworden?

Die Pflanzen, an denen ihre Raupen leben, sind selten geworden. Viele Schmetterlingsarten leiden auch unter der Anwendung von Spritzmitteln.

Lehrerinformation

Das Tagpfauenauge gehört zu einer artenreichen Familie der Schmetterlinge, den Nymphalidae; von manchen Autoren wird dafür die deutsche Bezeichnung "Edelfalter" benutzt. Zu dieser Familie gehören z.B. auch Admiral, Kleiner Fuchs, Distelfalter, Landkärtchen, Kaisermantel. Einige Arten dieser Gruppe sind Wanderfalter, die zum Teil aus dem Mittelmeergebiet bis zu uns fliegen und sich hier vermehren. Im Herbst wandern dann Schmetterlinge der nächsten Generation wieder nach Süden. Das Tagpfauenauge ist bei uns kein Wanderfalter, aber z.b. nach Finnland wandern im Frühjahr zahlreiche dieser Schmetterlinge ein.

Der Saugrüssel, mit dem die erwachsenen Tiere (Imagines) Nektar aus Blüten holen, ist bei Faltern dieser Familie gut ausgebildet. Die Vorderbeine sind zu "Putzpfötchen" verkürzt. Mit ihnen kontrollieren die Weibchen auch, ob sie die richtige Pflanzenart zur Eiablage gefunden haben.

Tagfalter sind Pflanzenfresser, die auf das Vorhandensein ganz bestimmter Pflanzen angewiesen sind. Vor allem während der Raupenstadien sind die einzelnen Tagfalterarten auf einige wenige, im Extremfall sogar auf eine einzige Pflanzenart angewiesen. So leben zum Beispiel die Raupen von Tagpfauenauge, Kleiner Fuchs, Admiral und Distelfalter auf Brennnesseln. Im Falle des Distelfalters und des Admirals kommen zwar noch andere Pflanzenarten hinzu, es dominiert jedoch die Brennnessel als Wirtspflanze der Raupe.

Die Raupen des Zitronenfalters ernähren sich ausschließlich von Faulbaum- oder Kreuzdornblättern. Die Raupenpflanze des Apollo ist der Weiße Mauerpfeffer, und der Schwalbenschwanz benötigt Fenchel, Wilde Möhre oder Dill. Die Weißlinge (Großer Kohlweißling, Kleiner Kohlweißling, Rapsweißling) haben keine besonderen Ansprüche, was die Wirtspflanzen ihrer Raupen betrifft. Ihre Raupen ernähren sich sowohl von wildwachsenden Kreuzblütlern, wie Wiesenschaumkraut, Kresse und Ackersenf, als auch von kultivierten Kohlarten.

Möchte man das Auftreten von Tagfaltern auf dem Schulgelände nicht dem Zufall überlassen, muss man es durch Pflanzen attraktiv gestalten. Bei der Auswahl ist zu unterscheiden zwischen Nahrungspflanzen für die Raupen und Nektarpflanzen für die Falter. Nahrungspflanzen für die Raupen sind nur dort sinnvoll, wo Falter im Umfeld des Schulgeländes ohnehin vorkommen. Dies gilt für ländliche Gegenden mit blumenreichen Wiesen in der Umgebung. In der Stadt sind jedoch nur weit fliegende Schmetterlinge zu erwarten, deren "Brutplätze" weit entfernt liegen.

Vor allem das Tagpfauenauge, der Kleine Fuchs und der Distelfalter sind dort oft anzutreffen. Diese Falter lieben nektarreiche Pflanzen, wie beispielsweise den Sommerflieder (Buddleja). Wenn man also den Sommerflieder als Nektarpflanze für Tagfalter auf dem Schulgelände kultiviert, ist sowohl in ländlichen, als auch in städtischen Gegenden mit dem Besuch vieler Tagfalter zu rechnen.

Literatur- und Abbildungsnachweis:

Abb.: Archiv der Autoren

Teichfrosch

Lehrererzählung

Wenn ihr an einem warmen Sommerabend einen Teich besucht, werdet ihr vielleicht ein lautes Quakkonzert hören. Ihr wisst, dass es sich um Frösche handelt. Aber es gibt bei uns mehrere Froscharten.

Der bei uns am häufigsten vorkommende Frosch ist der Teichfrosch. Er wird etwa 9 cm groß und ist grün bis braun. Er hat dunkle Flecken und an seiner Seite zwei helle Streifen. Sichere Kennzeichen, um einen Teichfrosch zu erkennen, wenn man ihn gefangen hat, sind seine Schwimmhäute: Sie befinden sich zwischen den Zehen seiner Hinterbeine und reichen bis zur Spitze der längsten Zehe. Durch die Schwimmhäute kommt der Teichfrosch im Wasser schnell voran.

Seine Beutetiere findet der Teichfrosch jedoch meist an Land. Es sind Fliegen, Heuschrecken, Spinnen und Schmetterlinge. Aber auch junge Mäuse und kleine Frösche zählen zu seiner Beute. Er sitzt völlig ruhig am Rande des Teiches und wartet auf Beute. Kommt ein Beutetier in seine Nähe, springt er plötzlich darauf zu. Insekten fängt er mit seiner Zunge. Größere Beutetiere packt er mit seinem breiten Maul.

Frösche gehören zu den Lurchen, die auch Amphibien heißen. Wenn Amphibien jung sind, sehen sie wie kleine Fische aus. Sie leben im Wasser und atmen durch Kiemen, die man als kleine Büschel am Kopf der Kaulquappen sehen kann. Doch wenn sie ausgewachsen sind, atmen sie durch Lungen und ihre dünne, feuchte Haut.

Frösche werden also nicht als fertige Frösche geboren, sondern sie entwickeln sich langsam. Das geht so: Im Frühjahr halten sich die Teichfrösche im Wasser auf, bevorzugt in kleinen Tümpeln und Seen mit viel Pflanzenwuchs. Mit lauten Quak-quak-Rufen lockt das Männchen die Weibchen herbei. Nach der Paarung legt das Weibchen etwa 1000 Eier im Wasser ab. Diese Eier nennt man Froschlaich. Aus den Eiern schlüpfen kleine Kaulquappen, die schnell heranwachsen. Nach einiger Zeit entstehen an ihrem Körper Beine und der Schwanz bildet sich zurück. Aus den Kaulquappen entwickelt sich ein Lebewesen, das wie ein Frosch aussieht. Wenn diese Tiere eine gewisse Größe erreicht haben, gehen sie an Land.

Nicht an jedem Teich gibt es Frösche. An Angelteichen beispielsweise leben fast keine Frösche mehr. Hier haben die Angler Fische eingesetzt, die sie später fangen und essen wollen. Diese Fische fressen den Froschlaich, die Kaulquappen und kleinen Frösche auf. An den Teichen der Angelvereine quakt daher kaum noch ein Frosch.

Teichfrosch

Schüler-Arbeitsblatt

1. Der Teichfrosch legt im Frühjahr

   etwa 1000 Eier im Wasser ab. Diese Eier

   nennt man _____

   Aus den Eiern schlüpfen kleine _____,

   die schnell heranwachsen. Nach einiger Zeit entstehen

   an ihrem Körper Beine und ihr Schwanz bildet sich zurück.

   Dann ist der _____ fertig.

2. Zu welcher größeren Gruppe von Lebewesen gehören die Frösche?

   _____

3. Womit atmet ein ausgewachsener Frosch?

   _____

4. Warum quaken die Teichfrosch-Männchen im Frühjahr so laut?

   _____

   _____

5. Nenne einen Grund, warum es nicht an jedem Teich Frösche gibt.

   _____

   _____

6. Zähle auf, wovon sich ein Teichfrosch ernährt!

   _____

   _____

Teichfrosch

Schüler-Arbeitsblatt

1. Der Teichfrosch legt im Frühjahr

   etwa 1000 Eier im Wasser ab. Diese Eier

   nennt man _Froschlaich._

   Aus den Eiern schlüpfen kleine _Kaulquappen,_

   die schnell heranwachsen. Nach einiger Zeit entstehen

   an ihrem Körper Beine und ihr Schwanz bildet sich zurück.

   Dann ist der _Teichfrosch_ fertig.

2. Zu welcher größeren Gruppe von Lebewesen gehören die Frösche?

   Zu den Amphibien

3. Womit atmet ein ausgewachsener Frosch?

   Mit Lunge und Haut

4. Warum quaken die Teichfrosch-Männchen im Frühjahr so laut?

   Damit sollen Weibchen angelockt werden, damit sie sich mit ihnen

   paaren können.

5. Nenne einen Grund, warum es nicht an jedem Teich Frösche gibt.

   In Angelteichen leben viele Fische. Sie fressen den Froschlaich, die

   Kaulquappen und kleinen Frösche auf.

6. Zähle auf, wovon sich der Teichfrosch ernährt?

   Insekten, Heuschrecken, Schmetterlinge, kleine Mäuse,

   kleine Frösche

<u>Lehrerinformation</u>

Die Bezeichnung "Teichfrosch" ist eigentlich ungenau. Heute wird meist vom "Grünfrosch" gesprochen. Zu diesem Artenkomplex gehören jedoch drei Formen: Seefrosch, Kleiner Teichfrosch und Wasserfrosch. Dabei dürften Seefrosch und Kleiner Teichfrosch echte Arten sein - die sich jedoch häufig untereinander fortpflanzen. Die dabei entstehende Hybridform ist der Wasserfrosch. Dieser wiederum kann sich (aufgrund bestimmter Bedingungen bei der Verteilung der Chromosomen bei der Bildung der Geschlechtszellen) erneut mit Seefrosch und Kleinem Teichfrosch kreuzen. Die Folge ist eine Fülle verschiedenartiger Froschformen des sogenannten Grünfrosch-Komplexes. Es erscheint jedoch berechtigt, im Biologieunterricht derzeit weiterhin vom "Teichfrosch" zu sprechen, der häufigsten bei uns vorhandenen Frosch"art".

Die verschiedenen Grünfrösche unterscheiden sich kaum in Bezug auf Lebensweise, Verbreitung und Aussehen. Den meist größeren Seefrosch kann man jedoch an seiner keckernd-lachenden Stimme (Rana ridibunda - der Lachfrosch) gut erkennen.

Die Stoffwechsel- und Bewegungsaktivität wechselwarmer Tiere, zu denen auch der Teichfrosch gehört, ist in starkem Maße von der Umgebungstemperatur abhängig. Der Temperaturabfall gegen Ende des Herbstes bewirkt eine starke Aktivitätsminderung des Teichfrosches. Eine angeborene Reaktion sorgt dafür, dass der Frosch ein frostgeschütztes Versteck aufsucht. Hier fällt er in Winter- bzw. Kältestarre.

Der Teichfrosch verbringt den Winter meist unter Wasser. Dies ist möglich, da er in der Lage ist, durch seine Haut auch unter Wasser zu atmen. Obwohl Frösche Lungen haben, ermöglicht ihnen ihre dünne, feuchte, stark durchblutete Haut ebenfalls Atmung. Die Hautatmung bewältigt einen beträchtlichen Teil des Gasaustausches. Beim Laubfrosch z.B. beträgt der Anteil der Haut am respiratorischen System ca. 24 %. Vor allem die CO_2-Abgabe geschieht vornehmlich durch die Haut. Während bei hohen Temperaturen und damit hohem Sauerstoffverbrauch die Hautatmung allein nicht ausreicht, genügt sie im Winter, wenn der Sauerstoffbedarf gering ist. Deshalb können Frösche ohne aufzutauchen unter Wasser in Winterstarre liegen.

Der Fang einheimischer Amphibien und die Entnahme von Laich sind in Deutschland und anderen Ländern verboten.

<u>Literatur- und Abbildungsnachweis:</u>

BLAUSCHECK 1989; BÖHME 1984; ENGELMANN 1986; JAHN 1972; SCHULTE 1984; Abb.: Archiv der Autoren

Kleine Rote Waldameise

Lehrererzählung

Ihr habt sicher alle schon einmal große Ameisenhaufen im Wald gesehen. Diese Ameisenhaufen hat die Kleine Rote Waldameise gebaut. Ihr dürft nicht glauben, dass ein solcher Ameisenhaufen eine wirre Anhäufung von Baumnadeln, Blättern und Stöckchen ist. Er ist vielmehr von Gängen durchzogen, die auch tief unter die Erde führen. Die Öffnungen zu diesen Gängen können verschlossen werden, wenn es draußen kalt ist. So haben die Ameisen meist eine gleichmäßige Wärme in ihrem Bau.

Etwa 100.000 Rote Waldameisen können in einem Ameisenhaufen leben. Alle zusammen nennt man den Ameisenstaat. Die Ameisen eines solchen Staates haben ganz bestimmte Aufgaben:

Die Königinnen sind die einzigen, die Eier legen können. Sie sorgen dafür, dass es im Ameisenstaat genügend Nachkommen gibt. Bevor sie Eier legen können, müssen sie einen Hochzeitsflug machen, bei dem sie von männlichen Ameisen begattet werden. Die Königinnen und Männchen besitzen deshalb Flügel; die Königinnen werfen sie allerdings nach dem Hochzeitsflug ab.

Die meisten Ameisen in einem Ameisenstaat sind Arbeiterinnen. Das sind Weibchen, die keine Eier legen können. Diese Ameisen übernehmen alle Arbeiten: Sie bauen den Ameisenhaufen, sie pflegen und füttern die Larven und beschaffen die Nahrung, vor allem Insekten und Spinnen. Sie lähmen und töten ihre Beute, indem sie mit ihren beiden Kieferzangen zubeißen und dann Gift aus ihrem Hinterleib in die Wunde spritzen. Wenn du ein Taschentuch auf einen Ameisenhaufen legst, beißen die Ameisen auch in diesen "Feind". Riechst du dann am Taschentuch, kannst du den sauren Geruch des Ameisengiftes wahrnehmen.

Die Kleine Rote Waldameise vernichtet viele Waldschädlinge. Deshalb ist sie für unsere Wälder sehr wichtig.

Um den Ameisenhaufen herum sieht man viele Arbeiterinnen, die meist bestimmte Wege verfolgen. Diese Wege nennt man Ameisenstraßen. Die Ameisen hinterlassen auf diesen Straßen eine Duftspur. So können sie sie immer wiederfinden. Manche Straßen führen sogar an Baumstämmen hoch, weil die Ameisen auch gern den süßen Zuckersaft holen, den Blattläuse ausscheiden.

Die Eingänge auf dem Ameisenhaufen werden von Wächterameisen bewacht. Gegen Vögel, wie Spechte und Eichelhäher, die gern Löcher in den Ameisenhaufen wühlen, um an die Larven der Ameisen zu gelangen, sind sie allerdings machtlos. Deshalb sind manche Ameisenhaufen mit einem Schutz aus Maschendraht versehen. Auch wir sollten die Haufen dieser nützlichen Tiere nicht zerstören.

Schüler-Arbeitsblatt

<u>Kleine Rote Waldameise</u>

1. Wie viele Ameisen leben in etwa in einem Staat
der Kleinen Roten Waldameise?

   ca. _____ .

2. Wie heißen die verschiedenen Formen?

   _____

   _____ .

3. Wie schützen sich diese Ameisen in ihrem Bau vor Kälte?

   _____

   _____ .

4. Was tut eine Ameise, wenn man die Hand auf einen Ameisenhaufen legt?

   _____

   _____

   _____ .

5. Warum hilft die Kleine Rote Waldameise den Wald zu schützen?

   _____

   _____

6. Wie finden die Ameisen wieder zum Stock zurück,
auch wenn sie sich weit von ihm entfernt haben?

_____

_____

_____

Schüler-Arbeitsblatt

Kleine Rote Waldameise

1. Wie viele Ameisen leben in etwa in einem Staat der Kleinen Roten Waldameise?

   ca. 100.000 .

2. Wie heißen die verschiedenen Formen?

   Königin, Arbeiterin ,

   Männchen.

3. Wie schützen sich diese Ameisen in ihrem Bau vor Kälte?

   Indem sie den größten Teil des Nestes unter der Erde anlegen und bei Kälte die Eingänge verstopfen.

4. Was tut eine Ameise, wenn man die Hand auf einen Ameisenhaufen legt?

   Sie beißt mit ihren Kieferzangen eine kleine Wunde in die Haut und spritzt dann Gift (Ameisensäure) aus ihrem Hinterleib in die Wunde.

5. Warum hilft die Kleine Rote Waldameise den Wald zu schützen?

   Sie frisst in großen Mengen Schadinsekten, die sonst Blätter und Holz der Bäume zerfressen.

Königin

6. Wie finden die Ameisen wieder zum Stock zurück, auch wenn sie sich weit von ihm entfernt haben?

   Ameisen folgen vorwiegend bestimmten Straßen oder Wegen auf dem Waldboden. Diese Wege werden mit Duftstoff markiert.

Arbeiterin

<u>Lehrerinformation</u>

Die forstwirtschaftlich wichtigste Ameisenart ist die Kleine Rote Waldameise (Formica polyctena). Im Gegensatz zur sehr ähnlichen Großen Roten Waldameise (Formica rufa) besitzt sie in jedem Staat viele Königinnen und ist gegenüber Nachbarstaaten sehr verträglich. So können in der näheren Umgebung eines Ameisenhaufens immer wieder Ableger gebildet werden, die anfangs noch in engem Kontakt mit dem Mutterstaat stehen und erst, wenn sie eine ausreichende Größe erlangt haben, selbständig werden. Aus forstwirtschaftlichen Gründen können sogar künstlich Ableger gebildet werden, indem einem starken Volk eine gewisse Menge Nistmaterial mit Arbeiterinnen und Königinnen entnommen und an anderer Stelle angesiedelt wird.

Die Kleine Rote Waldameise baut ihre bis zu 1,5 m hohen Haufen gern an den Rändern von Nadel- und Mischwäldern, wo sie genügend besonnt werden. Als Nistmaterial dienen Nadeln, Blattadern, kleine Zweigstückchen und ähnliches.

Der Haufen ist nur der an der Oberfläche sichtbare Teil eines weit in den Untergrund reichenden Baues mit Brutkammern, Vorratskammern und Verbindungsgängen. Die Ausgänge an der Oberfläche werden nachts und bei ungünstigem Wetter verschlossen.

Die Mehrzahl der Nestbewohner sind Arbeiterinnen, flügellose Weibchen, die unfruchtbar sind. Sie tragen das Baumaterial ein, vergrößern den Bau, halten ihn sauber, erbeuten Nahrung (Insekten und deren Entwicklungsstadien, Spinnentiere und Würmer), füttern die Königinnen, füttern und pflegen die Larven und tragen die Larven und Puppen in die Kammern mit den jeweils günstigsten Temperatur- und Feuchtigkeitsverhältnissen. Außerdem besuchen sie gern bestimmte Blattlausarten, die sie beträllern und so zur Abgabe von Zuckersaft, ein Ausscheidungsprodukt der Blattläuse, veranlassen.

Die Königinnen - bei Formica polyctena sind es mehrere Hundert in jedem Staat - haben nur eine einzige Aufgabe, nämlich die Eiablage.

Aus den meisten Eiern entwickeln sich Arbeiterinnen. Daneben gehen aus einem kleinen Teil der Eier geflügelte größere Weibchen, die späteren Königinnen, und geflügelte schlanke Männchen hervor. (Voraussetzung, dass Männchen entstehen, ist die Ablage unbefruchteter Eier).

An warmen Tagen im Mai oder Juni findet der Hochzeitsflug statt. Die geflügelten Ameisen (Männchen und Königinnen) sammeln sich an der Oberfläche des Ameisenhaufens und fliegen dann gemeinsam zu erhöhten Punkten (z.B. isoliert stehende hohe Bäume oder Türme). Dorthin kommen auch Geschlechtstiere von anderen Staaten, sodass es meistens zur Paarung zwischen Männchen und Königinnen verschiedener Völker kommt. Der bei der Paarung übertragene Spermavorrat reicht für das ganze, bis zu 20 Jahre dauernde Leben der Königin aus.

Die jungen Königinnen kehren in ihren Staat zurück, werfen die Flügel ab und tragen von nun an zum Fortbestand des Volkes bei; die Männchen sterben bald nach dem Hochzeitsflug.

Zur Verteidigung und zum Beuteerwerb benutzen die Ameisen ein Sekret, das im Hinterleib gebildet und gespeichert wird und vorwiegend aus Ameisensäure besteht. Da die Ameisen keinen Stachel haben (obwohl sie zu den Stechwespen gehören), beißen sie mit ihren kräftigen Kiefern Wunden und spritzen ihr Gift hinein.

Der große Nutzen der Kleinen Roten Waldameise besteht in der Vertilgung zahlreicher Forstschädlinge (z.B. Frostspanner, Schwammspinner u.a.). Aus diesem Grund steht sie unter Naturschutz.

Literatur- und Abbildungsnachweis:

GÖSSWALD 1959; GÖSSWALD 1985; Abb.: Archiv der Autoren

Waldeidechse

Lehrererzählung

Wenn man durch einen lichten Wald geht, kann man es nicht selten auf dem Boden rascheln hören. Man muss sich nicht erschrecken. Schaut man genauer hin, kann man eine kleine, 10 bis 12 cm große, schwarzbraun gefärbte Eidechse sehen. Sie geht auf dem Waldboden der Jagd nach Insekten nach.

Eigentlich ist der Wald kein besonders geeigneter Lebensraum für die Waldeidechse. Sie benötigt viel Sonne, um sich zu erwärmen, denn sie gehört zu den Lebewesen, deren Körper stets neu von außen erwärmt werden muss. Sonst kann sie nicht aktiv sein. Sie ist wechselwarm im Gegensatz zu allen Säugetieren, die gleichwarm sind. So sonnt sich denn die Waldeidechse auch stundenlang auf Baumstümpfen, abgefallenen Ästen, Steinen oder Moospolstern. Im Herbst, wenn die Sonne tief steht, klettert sie sogar ein paar Meter an senkrechten Baumstämmen empor, um die Sonnenwärme möglichst lange ihrem Körper zuzuführen.

Eidechsen legen normalerweise Eier ab, die dann im warmen Boden von der Sonne "ausgebrütet" werden. Man kann sich gut vorstellen, dass im Wald keine Stelle lange von der Sonne beschienen wird. Schnell breitet sich über eine Stelle, die gerade noch von der Sonne beschienen wurde, wieder der Schatten der Bäume aus. So wenig Sonne an einem Fleck ist nicht genug, damit sich die Eier der Waldeidechse entwickeln können, wenn sie diese irgendwo im Waldboden vergräbt. Wie löst sie dieses Problem?

Sie legt ihre Eier nicht ab, sondern sie bleiben in ihrem Körper. So kann sie die Eier stets an Stellen bringen, wo gerade Sonne scheint, und sie dort gut erwärmen. In den Eiern entwickeln sich schon fertige kleine Eidechsen. Wenn die Eier abgelegt werden, schlüpfen daraus sofort junge Waldeidechsen aus.

Die Waldeidechse bezeichnet man deshalb auch als lebendgebärend. Das ist eine Art der Vorsorge für die Nachkommen, die wir sonst von den Säugetieren kennen. Diese Eldechsenart ist damit vorzüglich an das Leben im Wald angepasst - wo sie sonst nicht leben könnte.

Waldeidechse

<u>Schüler-Arbeitsblatt</u>

1. Erkläre den Begriff wechselwarm.

   _____

   _____

2. Wäre es für die Waldeidechse vorteilhaft, wenn sie ein Haarkleid hätte oder nicht?

   _____

   _____

   _____

3. Die Waldeidechse ist im Gegensatz zu allen anderen bei uns vorkommenden Eidechsen lebendgebärend; dies ist eine Anpassung an ihren Lebensraum. Erkläre mit zwei Sätzen den Grund für diese Anpassung!

   _____

   _____

   _____

   _____

4. Die Antwort auf folgende Frage kommt nicht in der Lehrererzählung vor, aber du kannst sie durch Nachdenken finden. Wie überwintert die Waldeidechse?

   _____

   _____

Waldeidechse

<u>Schüler-Arbeitsblatt</u>

1. Erkläre den Begriff wechselwarm.

   Ein wechselwarmes Tier wird von der Sonne (der Umgebungswärme) aufgewärmt. Es kann seinen Körper nicht selbst erwärmen.

2. Wäre es für die Waldeidechse vorteilhaft, wenn sie ein Haarkleid hätte oder nicht?

   Ein Haarkleid wäre keinesfalls vorteilhaft, weil die Waldeidechse dann nur schwer Wärme von außen aufnehmen könnte. Haare verhindern nämlich die Abgabe - und folglich auch die Aufnahme von Wärme.

3. Die Waldeidechse ist im Gegensatz zu allen anderen bei uns vorkommenden Eidechsen lebendgebärend; dies ist eine Anpassung an ihren Lebensraum. Erkläre mit zwei Sätzen den Grund für diese Anpassung!

   Waldeidechsen leben im Wald. Dort scheint die Sonne (in der Regel) nur kurze Zeit an einer Stelle - also zu kurz, um die im Boden vergrabenen Eier genügend zu erwärmen. Diese Eier benötigen viel Wärme, damit sich in ihnen Eidechsen entwickeln können.

4. Die Antwort auf folgende Frage kommt nicht in der Lehrererzählung vor, aber du kannst sie durch Nachdenken finden. Wie überwintert die Waldeidechse?

   Waldeidechsen verkriechen sich im Herbst in ein (frostsicheres) Erdloch. Dort verfallen sie in Kältestarre - bis die Frühlingssonne sie wieder erwärmt.

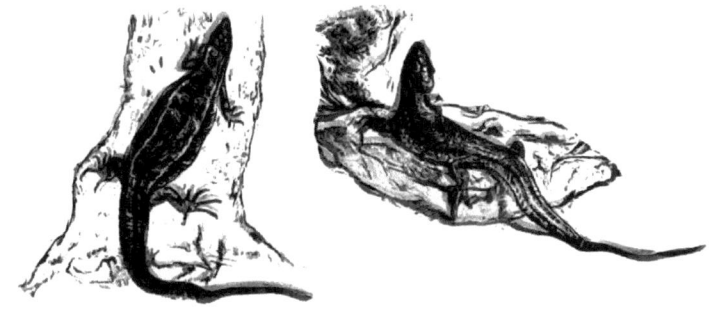

Lehrerinformation

In Deutschland kommen nur vier echte Eidechsenarten vor: Zaun-, Wald-, Smaragd- und Mauereidechse. Die beiden letzteren sind als Wärmezeitrelikte (d.h. in einer Wärmeperiode nach der Eiszeit aus dem Mittelmeergebiet eingewandert) nur auf wenige Gebiete beschränkt und recht selten. Die häufigste Art ist inzwischen, nach der erheblichen Abnahme der Zauneidechse, die Waldeidechse. Da diese Art in südlichen Gebieten bevorzugt in Gebirgen lebt, wird sie oft auch Bergeidechse genannt. Es ist nicht zu schwer, diese Art bei einem Waldgang den Schülern auch zu zeigen.

In klimatisch günstigen Gebieten verlässt die Waldeidechse ihr Winterquartier schon früh, oft bereits im Februar. Ihr Unterschlupf kann eine selbst gegrabene Erdhöhle sein. Oft ist es auch ein Nagerbau oder eine Lücke unter einem Stein. Morgens, nach dem Verlassen des Übernachtungsplatzes, sonnt sich die Waldeidechse zuerst lange, bis sie eine Körpertemperatur von 25-30 Grad erreicht hat. Auch tagsüber kehrt sie regelmäßig zu ihrem Besonnungsplatz zurück. Da das Territorialverhalten dieser Art wenig ausgeprägt ist, kann man manchmal sehen, dass sich mehrere Individuen gemeinsam an einem besonders geeigneten Platz sonnen.

Das Paarungsverhalten beginnt bei uns in der Regel erst im Mai. Die Geburt der schwarzbraunen, bronzeschillernden Jungtiere erfolgt im Juli und August. Dabei schlüpfen die vier bis zehn Jungtiere in der Regel schon in der Mutter aus ihrer Eihülle. Zwar wird der Fortpflanzungs-Typus der Waldeidechse als "lebendgebärend" bezeichnet, es ist jedoch deutlich auf den Unterschied zu den Säugetieren hinzuweisen. Die Eier und Embryonen werden in der Waldeidechse nicht etwa ernährt (wie bei den Säugetieren), sondern nur aufbewahrt. Es ist vielleicht auch darauf hinzuweisen, dass nur etwa 10 % der Jungtiere das erste Jahr überleben. Viele werden vor allem von Vögeln, aber auch anderen Beutegreifern verspeist. Dies ist ein Beispiel dafür, dass die meisten Arten viele Nachkommen haben, von denen vor allem in der Jugendzeit nur wenige überleben. Im günstigen Fall kann eine Waldeidechse jedoch vier bis fünf Jahre alt werden - in Gefangenschaft auch älter.

Literatur- und Abbildungsnachweis:

BLAUSCHECK 1989; BÖHME 1984; BURTON o.J.; ENGELMANN 1986; Abb.: Archiv der Autoren

Weinbergschnecke

Es gibt Tiere, die ein eigenes Haus besitzen und es ihr ganzes Leben lang mit sich herumtragen - z.B. Schnecken. Draußen entdeckt man manchmal ein leeres Schneckenhaus. Ist es größer als ein 2-Euro-Stück, hat es früher eine Weinbergschnecke auf ihrem Rücken getragen. Das Tier selbst ist schon tot. Es wird höchstens sieben Jahre alt. Sein Haus aber bleibt oft viel länger erhalten.

Wer eine lebende Weinbergschnecke sehen möchte, hat am Abend oder in der Nacht am meisten Glück. Bei trockenem Wetter kommt sie allerdings nicht hervor. Besonders häufig findet man sie, wenn es draußen feucht ist.

Den Namen Weinbergschnecke hat das Tier, weil es früher oft in Weinbergen lebte. Heute hält sich die Weinbergschnecke hauptsächlich in sonnigen Gebüschen, an Wegen und Waldrändern auf. Auch im Gemüsegarten kommt sie gelegentlich vor. Gärtner sehen sie dort aber nicht gern, weil sie außer Disteln und Löwenzahn z.B. auch Kopfsalat frisst. Ihre Nahrung raspelt sie mit einer rauhen Zunge ab.

Eine Weinbergschnecke kann man leicht beobachten. Langsam und gemächlich kriecht sie dahin und hinterlässt eine schleimige Spur. In einer Stunde kommt sie höchstens viereinhalb Meter voran! Deshalb sprechen wir auch von "Schneckentempo" oder "Schneckenpost", wenn etwas sehr lange dauert.

Bis auf das Schneckenhaus ist der Körper der Weinbergschnecke weich. Am Kopf erkennt man zwei Fühlerpaare, ein langes und ein kurzes. Auf den langen Fühlern sitzen die Augen der Weinbergschnecke. Mit den kurzen tastet und riecht das Tier. Berührt sie einmal! Sofort zieht sich die Weinbergschnecke in ihr Haus zurück. Das tut sie immer, wenn Gefahr droht. Vor einigen Feinden, Fuchs und Igel, manchen Vogel- und Käferarten, ist sie auf diese Weise sicher. Wenn allerdings ein Mensch auf das Haus tritt oder ein Auto darüberfährt, zerbricht das Schneckenhaus.

Die Schnecke zieht sich aber nicht nur bei Gefahr in ihr Haus zurück, sondern auch, wenn es kalt wird. Oft gräbt sie sich vorher ein. Im Herbst bildet sie sogar einen festen Deckel aus Kalk aus, der das Haus von innen verschließt. Gut geschützt übersteht das Tier so den Winter. Im Frühling legt die Weinbergschnecke bis zu 60 Eier in einem Erdloch ab. Drei bis vier Wochen später schlüpfen fertige Jungschnecken aus. Sie tragen sogar schon ein kleines Haus auf dem Rücken.

Weinbergschnecken gelten als Delikatesse. Weil viele Menschen sie gerne essen, werden sie in großen Anlagen gezüchtet. Früher haben Feinschmecker diese Schnecken auch draußen gesammelt. Heute ist das aber fast das ganze Jahr über verboten. Sonst würde die Weinbergschnecke immer seltener werden.

Weinbergschnecke

Schüler-Arbeitsblatt

1. Fülle die Lücken aus!

   a) Auf den langen Fühlern der Weinbergschnecke sitzen ihre

   b) Die kurzen Fühler benötigt das Tier zum _____ und _____.

2. Die Weinbergschnecke bewegt sich im "Schneckentempo". Gib an, wie weit sie pro Stunde höchstens kriecht!

   [ ]   1,00 Meter   [ ]   4,50 Meter
   [ ]   2,50 Meter   [ ]   9,00 Meter

3. Das Schneckenhaus ist ein wichtiger Körperteil der Weinbergschnecke.

   a) Nenne zwei Feinde, vor denen sie sich damit schützen kann!

   _____ und _____.

   b) Woraus besteht der Deckel, mit dem die Weinbergschnecke ihr Haus von innen verschließt, um im Winter die Kälte abhalten zu können?

   _____.

4. Kannst du den Namen der Weinbergschnecke erklären?

   _____

   _____.

5. An welchen Orten findest Du sie heute am meisten?

   _____.

6. Nenne einen Grund, warum Menschen für die Weinbergschnecke gefährlich sind!

   _____

   _____

   _____

   _____

   _____

Weinbergschnecke

Schüler-Arbeitsblatt

1. Fülle die Lücken aus!

    a) Auf den langen Fühlern der Weinbergschnecke sitzen ihre ___*Augen*___ .

    b) Die kurzen Fühler benötigt das Tier zum ___*Tasten*___ und ___*Riechen*___ .

2. Die Weinbergschnecke bewegt sich im "Schneckentempo". Gib an, wie weit sie pro Stunde höchstens kriecht!

    [ ]   1,00 Meter   [X]   4,50 Meter

    [ ]   2,50 Meter   [ ]   9,00 Meter

3. Das Schneckenhaus ist ein wichtiger Körperteil der Weinbergschnecke.

    a) Nenne zwei Feinde, vor denen sie sich damit schützen kann!

    ___*Fuchs*___ und ___*Igel*___ .

    b) Woraus besteht der Deckel, mit dem die Weinbergschnecke ihr Haus von innen verschließt, um im Winter die Kälte abhalten zu können?

    ___*Kalk*___ .

4. Kannst du den Namen der Weinbergschnecke erklären?

    Früher kam diese Schnecke besonders häufig in Weinbergen vor.

5. An welchen Orten findest Du sie heute am meisten?

    An Waldrändern, in Gebüschen und Gemüsegärten.

6. Nenne einen Grund, warum Menschen für die Weinbergschnecke gefährlich sind!

    Wenn ein Mensch auf eine Weinbergschnecke tritt oder mit einem Auto darüberfährt, zerbricht das Schneckenhaus und die Schnecke muss sterben.

Lehrerinformation

Die Weinbergschnecke (Helix pomatia), die der Ordnung der Landlungenschnecken (Stylommatophora) angehört, gilt als die bekannteste und am besten erforschte Vertreterin der Familie der Schnirkelschnecken (Helicidae).

Ihr Verbreitungsgebiet ist ständiger Veränderung unterworfen, da sie oft zufällig (z.B. in Gemüse) in neue Gebiete verfrachtet wird. Das Haupverbreitungsgebiet liegt in Südost- und Mitteleuropa, doch sind auch Gebiete im restlichen Europa besiedelt.
Die Weinbergschnecke ist in der deutschen Bundesartenschutzverordnung als besonders geschützt verzeichnet.

Die Eignung eines Lebensraumes für die Weinbergschnecke hängt von verschiedenen Faktoren ab. Entscheidend ist z.B. die Bodenbeschaffenheit, wobei sich Kalkverwitterungsböden am günstigsten erweisen. Hinsichtlich der Umgebungstemperatur ist die Weinbergschnecke zwischen 12°C und 25°C am aktivsten. Es hängt allerdings auch von einem Mindestmaß an Feuchtigkeit ab. Außerdem spielt im Lebensraum des Tieres der Bodenwuchs eine Rolle. Bei Bedarf muss es sich in Kräutern, Gras, einem Gebüsch oder ähnlichem vor Lichteinstrahlung und der verdunstungssteigernden Wirkung des Windes schützen können.

Als Feuchtlufttier geht die Weinbergschnecke bei trockener Luft oder Sonnenschein nicht auf Nahrungssuche. Sie gilt als Abend- oder Nachttier.

Als Nahrung dienen ihr Pflanzen, z.B. Löwenzahn und Disteln, aber auch Kopfsalat und Erdbeeren. Die Weinbergschnecke raspelt ihre Nahrung mit der auf ihrer beweglichen Zunge sitzenden Reibplatte (Radula) ab, wobei ein halbmondförmiger Oberkiefer als Gegenplatte dient. Die mit Chitinzähnen besetzte Radula wird immer wieder erneuert, d.h., sie wächst nach.

Der Leib der Weinbergschnecke besteht aus einem Weichkörper und dem Gehäuse. Der außer dem Kopf gut sichtbare Teil des Körpers heißt Fuß, dessen Muskeln zahlreiche nach vorn verlaufende Kontraktionswellen hervorrufen und so das Tier vorwärtsschieben. Dabei scheidet es aus einer Drüse am Vorderende seines Körpers Schleim aus, wodurch ein gleichmäßiges Kriechen und das Festhalten an steilen Unterlagen ermöglicht wird.

Ein großer Teil des Weichkörpers ist verdeckt und liegt als sackartige Rückenausstülpung (Eingeweidesack) im Gehäuse. Die Öffnung des Gehäuses ist von einem gelblichen Saum umgeben, dem Mantelrand. In diesem befindet sich eine kleine Öffnung, das Atemloch. Der Mantel selbst ist eine Haut, die den verborgenen Teil des Weichkörpers umkleidet. Das Gehäuse besteht zu 98 % aus kohlensaurem Kalk. Es bietet der Weinbergschnecke Schutz vor Feinden, zu denen Fuchs, Igel und einige Käferarten zählen, aber auch vor Austrocknung und Kälte.

Die Weinbergschnecke gehört zu den Zwittern, d.h., dass sich in jedem Einzeltier weibliche und männliche Geschlechtsorgane befinden. Jedes erzeugt also Eier und Spermien. Die Fortpflanzung geschieht dadurch, dass bei der Paarung Spermien zwischen zwei Zwitterschnecken bei der Paarung wechselseitig ausgetauscht werden. Jede Schnecke verwahrt die Spermien des Partners bis zur Befruchtung der eigenen Eier in einer besonderen Samenblase. Von dort gelangen sie erst nach ungefähr einem Monat zu den inzwischen herangereiften Eiern, die sie dann befruchten.

Literatur- und Abbildungsnachweis:

DIRCKSEN 1960; KILIAS 1985; NIETZKE 1963; Abb.: Archiv der Autoren

Wildschwein

Das Tier, von dem ich erzählen will, ist sicher vielen aus "Asterix und Obelix" bekannt. Aus seinem Fleisch lässt sich ein schmackhafter Braten zubereiten, der die Leibspeise von Obelix war.

Die Tiere, die ich meine, sind ungefähr so groß wie unsere Hausschweine. Sie haben ein dichtes, schwarz-graues Fell und rauhe Borsten. Mit Vorliebe leben sie in feuchten, sumpfigen Wäldern.

Es ist schwierig, solchen Tieren draußen zu begegnen, da sie meist nur nachts unterwegs sind. Tagsüber liegen sie gut versteckt im dichten Wald und ruhen sich aus.

Ihre Nahrung holen sie hauptsächlich aus dem Boden. Mit ihrem langen Rüssel und den kräftigen Eckzähnen wühlen sie tiefe Löcher in den Boden. Besonders gerne fressen sie Eicheln und Bucheckern, aber auch kleine Tiere wie Schnecken, Würmer, Mäuse und auch Fische werden von ihnen verspeist.

Sicher wisst ihr schon, dass es sich um Wildschweine handelt. In der Jagdsprache nennt man sie auch Schwarzwild. Die Jungen nennt man Frischlinge. Ausgewachsene weibliche Schweine nennt man Bachen, und ausgewachsene männliche heißen Keiler.

Jedes Jahr im April oder Mai bringt eine Wildschweinmutter vier bis zwölf Junge zur Welt. Diese bleiben etwa für eine Woche in einer mit Reisig bedeckten Kuhle. Dann schließt sich die Mutter mit ihren Jungen einer großen Wildschweingruppe an.

Vor sehr langer Zeit haben Menschen junge Wildschweine gefangen und aufgezogen. Durch die Haltung und die Zucht der Schweine veränderte sich auch ihr Aussehen. Aus dem Wildschwein wurde das Hausschwein. Die langen Borsten verwandelten sich in kurze Haare und der Körper wurde fleischiger. Die Hausschweine wurden unbeweglicher und verloren ihre Wehrhaftigkeit. Ein Beispiel dafür sind die Eckzähne. Diese sind beim Hausschwein viel kleiner als beim Wildschwein.

Obwohl man sehr selten einem Wildschwein begegnet, gibt es doch noch sehr viele. Sie haben keine natürlichen Feinde. Da es bei uns keine Wölfe mehr gibt, können sich die Wildschweine stark vermehren. Um den Bestand an Wildschweinen zu verkleinern, machen die Menschen Jagd auf sie. Dieses taten Asterix und Obelix, da sie die saftigen Braten schon damals zu schätzen wussten.

Wildschwein

Schülerarbeitsblatt

1. Welche der drei Aussagen
   trifft auf Wildschweine zu?
   Kreuze die richtige Aussage an!

   [ ] Wildschweine sind nur tagsüber
   unterwegs, nachts ruhen sie sich
   im dichten Wald aus.

   [ ] Wildschweine leben in feuchten,
   sumpfigen Wäldern und sind nur
   nachts unterwegs.

   [ ] Wildschweine bevorzugen große saftige Wiesen,
   auf denen man sie zu jeder Tageszeit beobachten kann.

2. Was fressen Wildschweine? Nenne vier Beispiele!

   _____

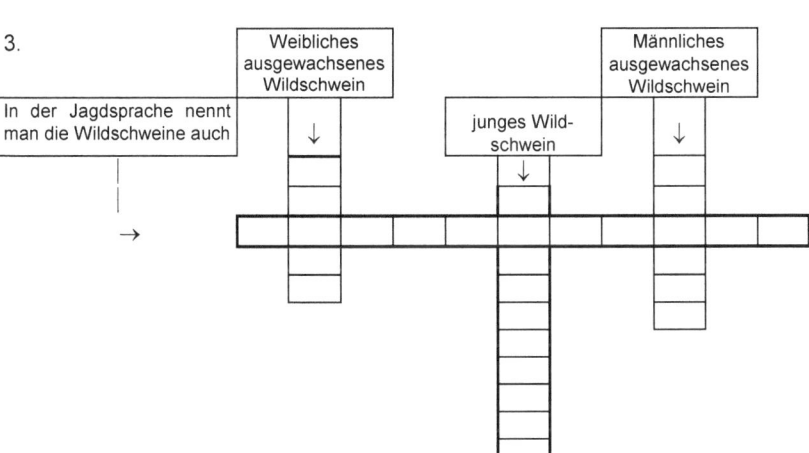

3.

| In der Jagdsprache nennt man die Wildschweine auch | Weibliches ausgewachsenes Wildschwein ↓ | junges Wildschwein ↓ | Männliches ausgewachsenes Wildschwein ↓ |

→

4. Setze die fehlenden Wörter in den Text ein.

   Durch menschliche Zucht veränderte sich das Aussehen des Wildschweins. Aus

   dem Wildschwein wurde das _____. Die langen Borsten verwandelten

   sich in kurze _____ und der Körper wurde _____. Die Hausschweine

   wurden _____ und verloren ihre Wehrhaftigkeit. Ein Beispiel dafür

   sind die _____.

Wildschwein

Schülerarbeitsblatt

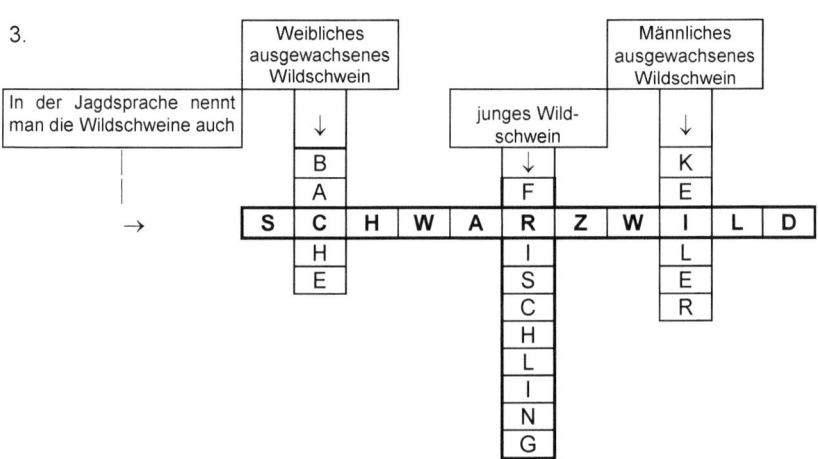

Bache

Keiler

1. Welche der drei Aussagen
   trifft auf Wildschweine zu?
   Kreuze die richtige Aussage an!

   [ ] Wildschweine sind nur tagsüber
   unterwegs, nachts ruhen sie sich
   im dichten Wald aus.

   [X] Wildschweine leben in feuchten,
   sumpfigen Wäldern und sind nur
   nachts unterwegs.

   [ ] Wildschweine bevorzugen große saftige Wiesen,
   auf denen man sie zu jeder Tageszeit beobachten kann.

2. Was fressen Wildschweine? Nenne vier Beispiele!

   Eicheln,   Bucheckern,   Mäuse,   Würmer   (Wurzeln,   Kartoffeln)

3.

In der Jagdsprache nennt man die Wildschweine auch →	Weibliches ausgewachsenes Wildschwein ↓	junges Wild-schwein ↓	Männliches ausgewachsenes Wildschwein ↓
	B		K
	A	F	E
S	**C** H W A R	Z W	**I** L D
	H	I	L
	E	S	E
		C	R
		H	
		L	
		I	
		N	
		G	

4. Setze die fehlenden Wörter in den Text ein.

   Durch menschliche Zucht veränderte sich das Aussehen des Wildschweins. Aus
   dem Wildschwein wurde das ___*Hausschwein*___. Die langen Borsten verwandelten
   sich in kurze ___*Haare*___ und der Körper wurde ___*fleischiger*___. Die
   Hausschweine wurden ___*unbeweglicher*___ und verloren ihre Wehrhaftigkeit. Ein
   Beispiel dafür sind die ___*Eckzähne*___.

Lehrerinformation

Das Wildschwein gehört (wie Rothirsch und Reh) zur Ordnung der Paarhufer. Es kommt fast überall in Europa vor. In unseren Wäldern lebt es vorwiegend als Nachttier. Dies entspricht aber keineswegs seiner natürlichen Lebensweise, sondern ist Folge der Bejagung. Während des Tages halten sich Wildschweine meist in schützendem Dickicht auf. Dort legen sie Mulden als Lager an. Sie baden gern in Schlamm und können gut schwimmen. Oft wandern diese guten Läufer auch weite Strecken umher.

Die Paarung findet zwischen November und Januar statt. Die Keiler kämpfen dabei heftig um Weibchen, wobei sich Rivalen mit ihren Hauern erheblich verletzen können. Nach der Tragzeit von 16 bis 20 Wochen werden im März oder April vier bis zwölf Junge geboren. Dazu richtet die Bache einen Wurfkessel her, der mit weichem Pflanzenmaterial ausgepolstert und oft mit Ästen überdeckt ist.

Die weiblichen Wildschweine, Bachen genannt, führen ihre Frischlinge fast ein Jahr bis sie wieder Junge zur Welt bringen. Manchmal wirft eine Bache zweimal im Jahr, dann verlässt sie die zuerst geborenen Frischlinge für kurze Zeit und führt bald darauf die Früh- und Spätgeborenen eines Jahres gleichzeitig. Oftmals tun sich auch bis zu fünf Bachen mir ihren Jungen zu einer Rotte zusammen. Kommt eine Bache um, werden ihre Frischlinge von den anderen Bachen der Rotte weiter mitgeführt. Während sich die Bachen und Jungtiere untereinander gut vertragen, ohne dass eines der Tiere die Führung der Rotte übernimmt, dulden sie keine anderen Wildschweine in ihrer Rotte. Als "Überläufer" bezeichnet man etwa einjährige Wildschweine. Teilweise bilden Überläufer jedoch auch eigene Rotten.

Von den Sinnen des Wildschweins ist der Geruchssinn am stärksten ausgeprägt. Er kommt ihm nicht nur auf der Suche nach Nahrung zugute, sondern auch bei der frühzeitigen Erkennung von Gefahren. Sehr gut entwickelt ist auch das Gehör des Wildschweins. Einzelne Tiere vernehmen auch die leisesten Geräusche. In der Rotte beachten sie Fremdgeräusche nicht so sehr, weil sie dann selber beträchtlichen Lärm verursachen. Relativ schlecht entwickelt ist dagegen das Sehvermögen. Einen unbeweglichen, vor einigermaßen günstigem Hintergrund stehenden Menschen vermögen sie, selbst auf kurze Entfernung, nicht zu erkennen. Der Tastsinn des Wildschweins ist besonders im Bereich des Rüssels sehr gut entwickelt. Er ist ihm bei der Nahrungssuche im Boden sehr nützlich.

Früher wurden die Wildschweinbestände von Wölfen, Bären und Luchsen reguliert. Heute wird höchstens einmal ein ganz junger Frischling von einem Fuchs gerissen. Ansonsten hat das Wildschwein bei uns keine nennenswerten natürlichen Feinde mehr. Aus diesem Grund übernimmt der Mensch die Regulation durch Bejagung. In den alten Bundesländern wurden in den letzten Jahren jeweils etwa 25.000 Wildschweine pro Jahr erlegt. Als Maximalmaße ausgewachsener Keiler wurden folgende Zahlen publiziert: Kopf-Rumpf-Länge 200 cm, Schulterhöhe 110 cm, Gewicht 175 kg.

Im Wald ist das Wildschwein von großem Nutzen. Durch Wühlen bewirkt es eine Auflockerung des Bodens. Außerdem reduziert es den häufig vorkommenden Adlerfarn und forstschädliche Insekten. Demgegenüber können Wildschweine in der Landwirtschaft große Schäden verursachen, vor allem in Kartoffel- und Maisfeldern.

Literatur- und Abbildungsnachweis:

HENNIG 1972; SENTHLAGE 1967; SIELMANN 1981; Abb.: Archiv der Autoren

Zauneidechse

Lehrererzählung

An einem warmen Sonnentag sitzt eine Zauneidechse an einem Wiesenhang. Es ist ein Männchen, denn es ist an den Seiten leuchtend grün und am Rücken braun. Die Weibchen sind am ganzen Körper braun. Beide haben viele schwarze Flecken auf ihrem Körper.

Unser Zauneidechsenmännchen ist nicht weit von seinem Unterschlupf - einem Erdloch - entfernt. Es lässt sich von der Sonne aufwärmen, denn es ist ein wechselwarmes Tier. Die Körperwärme der Zauneidechse hängt davon ab, wie warm es in ihrer Umgebung ist. Besonders gut nehmen die schwarzen Stellen an ihrem Körper die Wärmestrahlen auf; es sind ihre Heizplatten. Wenn nicht mehr genug Wärmestrahlen auf den Körper der Zauneidechse auftreffen, nimmt ihre Körpertemperatur ab. Dadurch werden ihre Bewegungen langsamer.

Ein Turmfalke fliegt bedenklich nahe vorbei. Blitzschnell ist die Zauneidechse in ihrem Erdloch verschwunden. Schon einmal hat sie ein solcher Turmfalke gegriffen. Zu ihrem Glück nur am Schwanz - den aber kann sie abwerfen. Weil der Turmfalke sich von dem zappelnden Schwanz ablenken ließ, konnte sich die Zauneidechse in Sicherheit bringen. Gelingt ihr das auch bei ihren anderen Feinden, kann sie bis zu sechs Jahre alt werden. Die Zauneidechse, von der ich euch erzähle, hat zwei Schwänze. Bei diesem Tier wurde der Schwanz einmal nur angebrochen, als sie geflohen ist. Ein zweiter Schwanz wuchs an der Bruchstelle nach, obwohl auch noch der erste am Körper blieb.

Im Mai oder Juni legt das Zauneidechsenweibchen seine Eier im feuchten Boden ab. Nach einiger Zeit schlüpfen die Jungen. Um zu wachsen, müssen sie viel fressen. Genauso wie die erwachsenen Zauneidechsen, sieht man auch die Jungen nach Insekten, Schnecken und Würmern jagen. Viele der jungen Zauneidechsen haben Hautreste am Körper hängen, denn sie wechseln ihre Haut während des Wachstums mehrmals. Die Haut der Zauneidechsen besteht nämlich aus Hornschuppen und kann nicht mitwachsen. Wenn sie zu eng wird, platzt sie auf. Vorher haben sich unter den alten Hornschuppen schon neue gebildet.

Wenn wir im Herbst wieder an unseren Sonnenhang zurückkehren, werden sich die jungen und die alten Zauneidechsen ein frostgeschütztes Versteck gesucht haben. Durch die Kälte nimmt ihre Körpertemperatur ab, und die Zauneidechsen werden starr. In diesem Zustand überwintern sie. Erst wenn es wieder wärmer wird, können die Zauneidechsen ihr Winterquartier verlassen und sich wieder am Sonnenhang aufwärmen.

Zauneidechse

<u>Schüler-Arbeitsblatt</u>

1. Welche Farben hat ein Zauneidechsenmännchen und welche hat ein Zauneidechsenweibchen?

Männchen: _____

Weibchen: _____

2. Wovon ernähren sich Zauneidechsen? Nenne Beispiele!

_____

3. Wie können sich Zauneidechsen vor Feinden schützen?

_____

_____

_____

4. Warum bewegen sich Zauneidechsen sehr schnell, wenn es warm ist, aber langsam, wenn es kühl ist?

Zauneidechse

Schüler-Arbeitsblatt

1. Welche Farben hat ein Zauneidechsenmännchen und welche hat ein Zauneidechsenweibchen?

Männchen: *an den Seiten leuchtend grün, am Rücken braun*

Weibchen: *am ganzen Körper braun*

2. Wovon ernähren sich Zauneidechsen? Nenne Beispiele!

Insekten, Schnecken, Würmer

3. Wie können sich Zauneidechsen vor Feinden schützen?

Sie können ihren Schwanz abwerfen. Sie lenken dadurch den Feind ab und können blitzschnell in einem Erdspalt verschwinden.

4. Warum bewegen sich Zauneidechsen sehr schnell, wenn es warm ist, aber langsam, wenn es kühl ist?

Ihre Körpertemperatur hängt von der Temperatur der Umgebung ab. Sie sind sehr schnell, wenn ihr Körper gut durchgewärmt ist. Bei kaltem Wetter sind sie starr und unbeweglich.

5. Warum finden sich häufig an jungen Zauneidechsen Hautreste?

Die Haut der Eidechsen wächst nicht mit. Sie reißt von Zeit zu Zeit auf, wenn die Eidechse wächst und wird abgestreift.

<u>Lehrerinformation</u>

Die Zauneidechse (Lacerta agilis) wird etwa 20 cm lang. Sie hat eine verhältnismäßig plumpe Gestalt und einen nicht besonders langen Schwanz, welcher, wenn er nicht abgeworfen wurde, etwa 1 1/2 Mal so lang ist wie Kopf und Rumpf. Gewöhnlich ist die Farbe grau oder braun mit Längsreihen weiß gekernter schwarzer Flecken. Beim Männchen sind im Frühjahr und Sommer Kehle, Kopf und Rumpfseiten grün mit einer Reihe schwarzer Kranzflecken an den Seiten (Prunkfarbe). Übrigens sind die Weibchen nicht kleiner, sondern eher einige Millimeter größer als die Männchen.

Das Verbreitungsgebiet der Echten Eidechsen (Fam. Lacertidae) und damit auch der Zauneidechse liegt vor allem in Mitteleuropa. Die Zauneidechse bewohnt sonnige, offene Landschaften, die nicht zu feucht sind, Steppen, Kulturland aller Art, wenn es Deckungsmöglichkeiten bietet.

Je nach der Witterung erscheinen die Zauneidechsen etwa im März aus ihren Winterquartieren, meist häuten sie sich dann bald. Nach einigen Wochen beginnt die Balz; das Weibchen legt meist im Juni 6-12 weiche Eier mit pergamentartiger Hülle in ein warmes, feuchtes Erdloch oder in einen Misthaufen ab. Die Mutter kümmert sich nicht weiter um ihren Nachwuchs. Nach etwa zwei Monaten schlüpfen die Jungtiere, welche den erwachsenen Zauneidechsen vollkommen gleichen. Sie häuten sich beim Heranwachsen mehrmals.

Da die Eidechsen wechselwarme Tiere sind, fallen sie bei Beginn der kalten Jahreszeit in Winterstarre. Dabei schadet es ihnen nicht, wenn ihre Körpertemperatur bis nahe an 0°C absinkt. Auch bei kaltem Wetter sind sie träge und unbeweglich. An heißen Tagen bewegen sich Zauneidechsen dagegen schnell und geschickt. Sie fangen kleine, lebende Tiere wie Insekten, Maden, Spinnen und Würmer. Die Beute wird mit den spitzen Zähnen festgehalten und unzerkaut verschluckt.

Zu den Feinden der Eidechse gehören besonders Greifvögel. Beim Fangen einer Eidechse kann die Endhälfte des Schwanzes an einer dafür vorgesehenen Stelle abbrechen. Während sich ein Feind mit dem zappelnden Schwanzstück beschäftigt, kann sich die Eidechse in Sicherheit bringen. Das Opfern eines Körperteiles zur Rettung des Lebens kennt man bei Säugern und Vögeln im Allgemeinen nicht. Das verlorene Schwanzende wächst dann wieder nach, jedoch nicht so lang wie vorher und ohne knöcherne Wirbelsäule.

<u>Literatur- und Abbildungsnachweis:</u>

BLAUSCHECK 1989; BÖHME 1985; BURTON o.J.; ENGELMANN 1986; Abb.: Archiv der Autoren

Gefleckter Aronstab

Lehrererzählung

Heute will ich euch eine kleine Geschichte erzählen: Eine kleine Mücke war abends auf Nahrungssuche. Da, an der Hecke lockte ein starker Duft. Schnell flog sie dem Duft entgegen und entdeckte eine große Blüte. Der Anflug gelang ohne Schwierigkeiten. Doch kaum war sie auf der Blüte gelandet, da sauste sie wie auf einer Rutschbahn nach unten in einen Hohlraum. Sie war in einer Falle gelandet.

Dort fand sie einen Saft, der ihr gut schmeckte. Bald war sie satt und wollte den Rückweg antreten. An der glatten Wand kam sie nicht hoch und oben war außerdem der Ausgang von Borsten versperrt. Unermüdlich krabbelte die Mücke in der Falle umher. Bald war sie nicht mehr allein. Es kamen noch viele andere Mücken von oben hereingerutscht. Die ganze Nacht blieb sie eingesperrt. Zu verhungern brauchte sie nicht, denn es gab genug von dem süßen Saft.

Dann wurden die Gefangenen plötzlich dick mit Blütenstaub eingepudert. Bald danach war die Wand auf einmal nicht mehr so glatt, und die Borsten am Ausgang hingen auch schlaff herab. Endlich war der Weg aus dem Gefängnis frei (nach BARSIG 1975: 120).

Die Pflanze, in der die Mücke gefangen war, heißt Aronstab.

Es ist eine der seltsamsten Pflanzen unserer Heimat. Sie nimmt für kurze Zeit Mücken gefangen, denn sie braucht ihre Hilfe, um bestäubt zu werden. Nur so kann sie sich vermehren.

Die Blüte unterscheidet sich völlig von den Blüten anderer Pflanzen.

Oben am Stengel sitzt ein grünlich-weißes Blatt. Es sieht aus wie eine Tüte, die unten bauchig ist. In dem Blatt sitzen unten am Stengel viele Fruchtknoten. Darüber sitzen viele Staubgefäße, und ganz oben befindet sich ein Ring aus Borsten, die alle nach unten gerichtet sind. Ganz oben endet der Stengel in einem dicken, braunen Kolben. Er schaut aus dem tütenförmigen Blatt heraus und verbreitet einen für uns unangenehmen Geruch. Durch den Geruch werden die Mücken angelockt. Sobald sie sich auf dem Blatt niederlassen, rutschen sie in das Blatt hinein, denn das Blatt ist innen ölig. Deshalb können sie auch nicht mehr zurück, und oben sind ja auch noch die Borsten. Sie sind also gefangen. Sie brauchen aber nicht zu verhungern, denn auf den Fruchtknoten finden sie süßen Nektar. Deshalb krabbeln sie hier herum. Dabei streifen sie ihren mitgebrachten Blütenstaub auf den Narben ab.

.

Wenn alle Fruchtknoten bestäubt sind, öffnen sich die Staubgefäße, sodass die Mücken wieder neu mit Blütenstaub eingepudert werden.

Erst gegen Morgen wird die Wand der Blüte trocken und die Borsten verwelken. Nun können die Mücken wieder ins FreiE krabbeln. Später entstehen aus den Fruchtknoten leuchtend rote Beeren.

Die dürft ihr aber nicht essen, denn sie sind giftig.

Gefleckter Aronstab

Schüler-Arbeitsblatt

Der Gefleckte Aronstab ist eine seltsame Pflanze.
Er nimmt für kurze Zeit kleine Insekten, vor allem
Mücken, gefangen.

Ohne sie können seine Blüten nicht bestäubt
werden.

Erst wenn die Bestäubung erfolgt ist, lässt er die
Insekten wieder frei. Vorher aber bepudert er sie
mit seinem eigenen Blütenstaub. Alle Teile der
Pflanze sind sehr giftig, auch die leuchtend roten
Beeren!

In der folgenden Abbildung kannst du die einzelnen Teil der Aronstabblüte erkennen.
Daneben kannst du aufschreiben, wie die Bestäubung vor sich geht. In die Kreise
kannst du die richtigen Ziffern aus der Zeichnung einsetzen:

Der Kolben ( ) _____.

_____.

Die Wand des Hüllblattes ( ) _____, deshalb

_____.

_____.

Die Fruchtknoten ( ) _____.

_____.

Auf den Fruchtknoten ( ) _____ _____.

_____.

Die Staubbeutel ( ) _____

_____.

Jetzt wird die Wand trocken und die Borsten ( )
verwelken; die Mücken _____

_____.

Gefleckter Aronstab

Schüler-Arbeitsblatt

Der Gefleckte Aronstab ist eine seltsame Pflanze. Er nimmt für kurze Zeit kleine Insekten, vor allem Mücken, gefangen.

Ohne sie können seine Blüten nicht bestäubt werden.

Erst wenn die Bestäubung erfolgt ist, lässt er die Insekten wieder frei. Vorher aber bepudert er sie mit seinem eigenen Blütenstaub. Alle Teile der Pflanze sind sehr giftig, auch die leuchtend roten Beeren!

In der folgenden Abbildung kannst du die einzelnen Teile der Aronstabblüte erkennen. Daneben kannst du aufschreiben, wie die Bestäubung vor sich geht. In die Kreise kannst du die richtigen Ziffern aus der Zeichnung einsetzen:

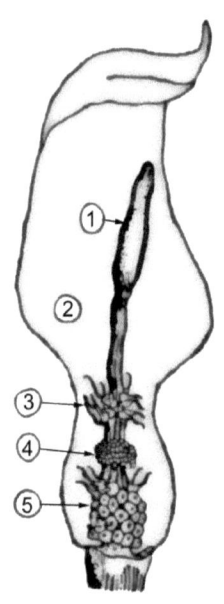

Der Kolben (1) *riecht nach Aas und lockt Insekten an.*

Die Wand des Hüllblattes (2) *ist ölig,* deshalb *rutschen die Mücken ab und können nicht. herauskrabbeln* .

Die Fruchtknoten (5) *.werden von den Mücken mit Blütenstaub bestäubt* .

Auf den Fruchtknoten (5) *finden die Mücken süßen Nektar* .

Die Staubbeutel (4) *bepudern die Mücken, sobald alle Fruchtknoten bestäubt sind* .

Jetzt wird die Wand trocken und die Borsten (3) verwelken; die Mücken *können die Blüte wieder verlassen* .

Lehrerinformation

Der Gefleckte Aronstab (Arum maculatum) gehört zur Familie der Aronstabgewächse (Araceae), die vorwiegend in tropischen Klimazonen verbreitet ist.

Der Gefleckte Aronstab ist in unserem Gebiet auf humusreichem feuchtem Boden im Laubwald und unter Gebüsch anzutreffen. Meist stehen viele der dunkelgrünen pfeilförmigen Blätter zusammen, sodass die Pflanze nicht zu übersehen ist.

Das Besondere an dieser Pflanze ist die eigenartige Bildung der "Blüte", die gar nicht in die übliche Vorstellung von einer Blüte passt. Tatsächlich handelt es sich um einen Blütenstand, bei dem an einer zentralen Achse von unten nach oben folgende Elemente sitzen: zahlreiche reduzierte weibliche Blüten, ein Ring von Haaren (sterile weibliche Blüten mit langen Griffeln), zahlreiche reduzierte männliche Blüten, ein Ring langer Borstenhaare (sterile männliche Blüten). Nach oben läuft die Achse in einen länglichen braun-violetten Kolben (Spadix) aus. Der ganze Blütenstand wird von einem tütenförmigen Blatt, der sogenannten Spatha, umschlossen. Sie kann als Hochblatt gedeutet werden. Im Bereich des oberen Haarrings verengt sich die Spatha, weiter oben öffnet sie sich, sodass der Kolben frei sichtbar ist.

Dieser merkwürdige Blütenstand wird aufgrund seiner Funktion als Kesselfalle bezeichnet, die durch Fang von Insekten die Bestäubung der weiblichen Blüten erreicht. Im Einzelnen läuft der Vorgang wie folgt ab: Die Spatha öffnet sich gegen Abend. Der Kolben sondert dann einen Duft ab, der an Harngeruch erinnert und durch Wärmeentwicklung im unteren Teil des Kolbens schnell verbreitet wird. Die Temperatur im Kessel kann bis zu 25°C über der Temperatur der umgebenden Luft liegen. - Von diesem Duft werden vor allem Schmetterlingsmücken angelockt. Sobald diese am Eingang zum Kessel landen, gleiten sie ab, denn die Innenwand der Spatha ist mit kleinen Öltröpfchen besetzt. So gelangen sie durch die Lücken des Haarringes in den Kessel. An der glatten Wand können sie nicht wieder nach außen krabbeln. Früher nahm man an, dass der Haarring wie eine Reuse das Entweichen der Mücken verhindere, er scheint aber eher die Funktion zu haben, größere Insekten vom Eindringen in den Kessel abzuhalten. Die zuerst heranreifenden weiblichen Blüten sondern an der Narbe ein Tröpfchen ab, an dem der von den Insekten mitgebrachte Pollen hängen bleibt. Zugleich dient der abgegebene Saft den Insekten als Nahrung und er erhöht die Luftfeuchtigkeit im Kessel. Erst wenn alle weiblichen Blüten bestäubt sind, platzen die Staubbeutel auf und bepudern die Mücken mit ihrem Pollen. Gegen Morgen erschlafft die Spatha und die Öltröpfchen verschwinden, sodass die Tiere den Kessel verlassen können (DÜLL/KUTZELNIGG 1992). Der ganze Vorgang findet also in einer einzigen Nacht statt.

Aus den Fruchtknoten entwickeln sich leuchtend rote Beeren, die vorwiegend von Vögeln gefressen werden. Da die Samen unverdaulich sind, tragen die Vögel zur Verbreitung des Aronstabes bei.

Der Aronstab gilt als Giftpflanze, denn in allen Teilen der Pflanze befinden sich große Mengen von Calciumoxalatkristallen in Form feiner Nadeln. Diese Kristallnadeln bohren sich beim Verzehr in die Schleimhaut und verursachen starkes Brennen. Zusätzlich enthält die Pflanze weitere Giftstoffe mit Schärfewirkung, wie Saponine und Alkaloide.

Während Vögel gegen diese Substanzen unempfindlich zu sein scheinen, soll es bei Weidevieh schon zu tödlichen Vergiftungen gekommen sein.

Als Frühblüher (Blühzeit April bis Mai) besitzt der Aronstab eine Knolle als Speicherorgan, die jedes Jahr neu gebildet und durch Zugwurzeln auf eine bestimmte Tiefe gezogen wird.

Literatur- und Abbildungsnachweis:

DÜLL/KUTZELNIGG 1992; FROHNE/PFÄNDER 1987; Abb.: Archiv der Autoren

Gemeiner Beinwell

Lehrererzählung

Die Pflanze, die wir heute kennenlernen, heißt Gemeiner Beinwell. Sie ist eine Heilpflanze, die die Menschen früher sehr geschätzt haben. An ihrem Namen könnt ihr schon erkennen, wobei die Pflanze hilft: Beinwell!

Man glaubte, dass sie bei Knochenbrüchen, Prellungen, Blutergüssen und bei offenen Wunden hilft. Der Beinwell besitzt unter der Erde einen dicken langen Stängel, von dem die Wurzeln ausgehen. Zur Behandlung hat man diesen Erdstängel ausgegraben. Er wurde geschält und in kleine Stücke geschnitten oder zu Brei zerstampft. Dieser wurde dann mit heißem Wasser übergossen. Dann wurden Tücher eingetaucht und noch heiß auf die verletzte Stelle gelegt. Dadurch wurde auch der Schmerz gestillt.

Wenn man die Pflanze anfasst, merkt man, wie rau sie ist. Deshalb nennt man auch die Familie, zu der sie gehört, Raublattgewächse. Ein anderes Raublattgewächs, das ihr vielleicht kennt, ist der Borretsch.

Die Blüten hängen immer zu mehreren wie kleine lange Glöckchen zusammen. Wenn man in eine Blüte hineinschaut, sieht man kleine Läppchen, die die Glocke verschließen. Wenn eine Hummel ihren Kopf in die Blüte schiebt, um sich Nektar zu holen, stößt sie gegen die Läppchen und wird mit Pollen bepudert. Der Pollen ist nämlich schon vorher aus den Staubgefäßen herausgefallen und auf den Läppchen liegengeblieben. Die Hummel nimmt den Pollen mit zur nächsten Blüte und bestäubt diese.

Wenn ihr die Pflanze draußen finden wollt, dann müsst ihr sie an feuchten Orten suchen, z.B. am Ufer eines Baches oder eines Flusses.

Gemeiner Beinwell

Wo der Gemeine Beinwell wächst: _____

_____

Woran man den Gemeinen Beinwell erkennt:

Blüten: _____

_____

_____

Blätter und Stängel:

_____

_____

Wie der Gemeine Beinwell bestäubt wird (beachte die Abbildungen a und b):

_____

_____

_____

Woher der Gemeine Beinwell seinen Namen hat:

_____

_____

_____

So wurden früher Knochenverletzungen behandelt: Erdstängel des Beinwell wurden gesammelt, geschält, zerkleinert, mit heißem Wasser übergossen. Lappen wurden eingetaucht und auf die Verletzung gelegt.

Gemeiner Beinwell

<u>Schülerarbeitsblatt</u>

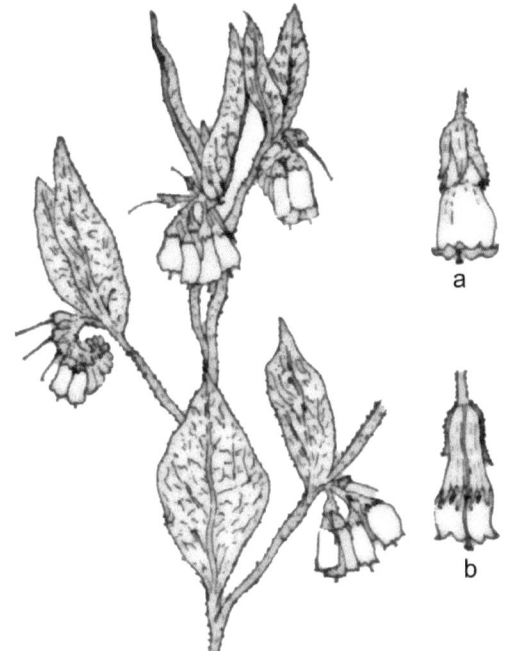

Wo der Gemeine Beinwell wächst: <u>auf feuchtem Grund, an Ufern von Bächen.</u>

Woran man den Gemeinen Beinwell erkennt:

Blüten: <u>wie kleine weiße oder lila Glöckchen, innen kleine Läppchen.</u>

Blätter und Stängel:

<u>sehr rau behaart, fast stachelig.</u>

Wie der Gemeine Beinwell bestäubt wird (beachte die Abbildungen 2 und 3):

<u>Der Pollen fällt auf die Läppchen. Wenn eine Hummel Nektar holt, stößt sie an die Läppchen und wird eingepudert. Sie trägt den Pollen zur nächsten Pflanze und bestäubt deren Blüten.</u>

Woher der Gemeine Beinwell seinen Namen hat:

<u>Mit ihm wurden Verstauchungen, Brüche, Prellungen und auch offene Wunden behandelt.</u>

So wurden früher Knochenverletzungen behandelt: Erdstängel des Beinwell wurden gesammelt, geschält, zerkleinert, mit heißem Wasser übergossen. Lappen wurden eingetaucht und auf die Verletzung gelegt.

<u>Lehrerinformation</u>

Der Gemeine Beinwell (Symphytum officinale), ein Raublattgewächs (Boraginaceae) wächst auf nährsalzreichen, basischen Böden, die genügend durchfeuchtet sind: Nasswiesen, feuchte Wegränder, Ufer, Bruchwald. Ihre Wurzeln, die an einem Erdstängel (Rhizom) entspringen, reichen bis 1,80 m tief. Die Pflanze ist stachelig rau, denn ihre Borstenhaare besitzen am Grund Kalkeinlagerungen.

Der Beinwell blüht von Mai bis Juli. Seine hängenden, lang glockenförmigen Blüten sind am Schlundeingang von einem Schuppenring bis auf eine kleine Öffnung um den Griffel verschlossen. Der ausgestreute Pollen bleibt auf den Schuppen liegen. Wenn langrüsselige Insekten, die von auffälligen Papillen am Rand der Krone angelockt werden, ihren Rüssel in die Röhre schieben, um Nektar zu saugen, rieselt der Pollen auf sie herab.

Gelegentlich findet man kleine Öffnungen am Grunde der Blütenröhre. Hier waren Nektarräuber am Werk, Insekten, die mangels Rüssel anders nicht an den Nektar gelangen können.

Von Juni bis September reifen die Früchte zu hängenden, vom Kelch umgebenen Kapseln heran. Die schwarzen Samen werden ausgestreut. Da sie mit Ölkörpern (Elaiosomen) und Luftblasen versehen sind, werden sie durch Ameisen oder im Wasser schwimmend verbreitet (DÜLL/KUTZELNIGG 1992). Außerdem findet vegetative Vermehrung durch Verzweigung des Rhizoms statt.

Der Gemeine Beinwell ist eine seit alters her gebräuchliche Heilpflanze. Sein Name weist auf seine angebliche Heilwirkung bei Knochenbrüchen (symphyein = Zusammenwachsen), Knochenhautreizungen, Prellungen, Verrenkungen, Verstauchungen, Blutergüsse und schlecht heilende Wunden hin (DÜLL/KUTZELNIGG 1992). Verwendung fanden vor allem Auszüge aus den Rhizomen in Form von Salben, Pflastern, Umschlägen oder Tee. Die Herstellung erfolgte z.B. wie folgt:

Man schält 200 g frisches Rhizom und kocht es mit 1/2 l Wasser 30 Minuten lang. In die Kochflüssigkeit taucht man Mullläppchen, drückt sie leicht aus und legt sie heiß auf die Wunden. Man kann aber genauso das Rhizom zu Brei kochen und dann damit heiße Breiumschläge machen.

Ein Teeaufguss aus getrocknetem Rhizom (zwei Teelöffel auf eine Tasse Wasser) stillt Schmerzen an Knochengelenken und in der Muskulatur.

Da auch die jungen Sprosse als Gemüse gedünstet und die Blätter für Salate verwendet wurden (DÜLL/KUTZELNIGG 1992), gehörte der Beinwell in einen gut ausgestatteten Bauerngarten.

Will man die Pflanze demonstrieren, ist es ratsam, sie erst kurz vor Unterrichtsbeginn zu besorgen, da sie schnell welkt. Der Saft aus den Schnittflächen verursacht grüne Flecken, die nur schwer zu entfernen sind, deshalb sind Handschuhe empfehlenswert.

Literatur- und Abbildungsnachweis:

BÄSSLER 1963; DÜLL/KUTZELNIGG 1992; PODLECH 1988; Abb.: Archiv der Autoren

Große Brennnessel

Lehrererzählung

**Es brennt ringsum das Haus,
doch keiner läuft hinaus,
die Feuerwehr zu holen.
Was brennt da ohne Kohlen?**
(Lösung: "Die Brennnessel")

Ihr habt sicher alle schon einmal unangenehme Erfahrungen mit der Brennnessel gemacht.

Wenn man sie streift, kommt es zu einem schmerzhaften Brennen und Jucken auf der Haut. Verantwortlich hierfür sind die vielen kleinen Härchen auf den Blättern und an den Stängeln der Brennnessel. Wenn ihr genau hinschaut, könnt ihr sie sogar mit bloßem Auge erkennen. Schon bei der kleinsten Berührung brechen ihre Spitzen ab, und die Härchen dringen in die Haut ein. Wie durch die feine Spritze eines Arztes fließt nun ein Saft in die entstandene Wunde und verursacht den brennenden Schmerz.

Doch warum macht das die Brennnessel? Pflanzen, die dicht am Boden wachsen, sind eine willkommene Mahlzeit für Kaninchen, Rehe und andere pflanzenfressende Tiere. Die saftigen Blätter der Brennnesseln wären als Futter bestimmt sehr begehrt, hätten sie nicht ihre Brennhaare. Genauso wie wir, merken sich auch Tiere unangenehme Erfahrungen. So wird ein Hase, der sich einmal an einer Brennnessel verbrannt hat, in Zukunft gewiss einen Bogen um diese Pflanze machen.

Wer jetzt aber meint, Brennnesseln könnten sich auf diese Weise vor allen hungrigen Mäulern schützen, der irrt gewaltig!

Es gibt nämlich auch Tiere, die sich gerade von Brennnesseln ernähren: Das sind vor allem einige Schmetterlingsarten; so legen z.B. das Tagpfauenauge und der Kleine Fuchs ihre Eier auf der Pflanze ab. Die schlüpfenden Raupen ernähren sich dann von den grünen Blättern.

Vielleicht hat euch auch schon einmal jemand erzählt, wie gut Brennnesselsaft schmeckt, und ihr wundert euch jetzt sicher, dass auch wir die Blätter dieser Pflanzen essen können. Das geht nur, wenn man die Blätter vor dem Zubereiten leicht welk werden lässt. Dadurch verlieren die Brennhärchen ihre Wirkung. Ein solcher Brennnesselsalat ist sogar sehr gesund, er enthält nämlich viel Vitamin A und C.

Die Brennnessel wächst überall dort, wo viele Nährsalze im Boden sind, also neben Komposthaufen, an Mauern, Wegrändern und anderen Stellen, wo Tiere und Menschen ihre Ausscheidungen hinterlassen.

So kommt es, dass Brennnesseln sogar zeigen können, wo früher einmal Menschen gelebt haben. Wenn nämlich große Bestände dieser Pflanze in freier Landschaft oder in Wäldern wachsen, kann man annehmen, dass hier wahrscheinlich einmal ein Dorf gewesen ist. Das machen sich auch die Archäologen zunutze, wenn sie nach alten Siedlungen suchen.

Große Brennnessel

Schüler-Arbeitsblatt

Die Brennnessel ist eine Pflanze, die du sicher kennst. Aber
weißt du auch, wo sie besonders gut wächst?

_____

_____

_____

_____

Wer eine Brennnessel berührt, macht meistens
unangenehme Erfahrungen. Weißt du, wie das Brennen der
Haut zustande kommt? Beachte die Abbildungen!

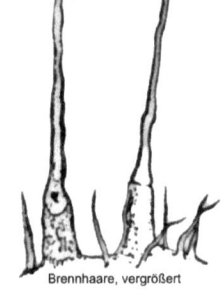

Brennhaare, vergrößert

_____

_____

_____

_____

Brennnesseln sollte man aber trotzdem schützen. Weißt du warum?

_____

_____

_____

Große Brennnessel

Schüler-Arbeitsblatt

Die Brennnessel ist eine Pflanze, die du sicher kennst. Aber weißt du auch, wo sie besonders gut wächst?

Neben Komposthaufen, an Wegrändern, an Mauern, überall dort, wo der Boden gut gedüngt ist, wo er viele Stickstoffverbindungen enthält.

Wer eine Brennnessel berührt, macht meistens unangenehme Erfahrungen. Weißt du, wie das Brennen der Haut zustande kommt? Beachte die Abbildungen!

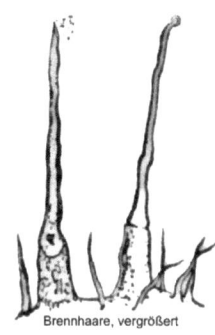

Brennhaare, vergrößert

Die Brennnessel besitzt Brennhaare. Bei Berührung bricht das Köpfchen der Haare ab, das Haar bohrt sich in die Haut und die giftige Flüssigkeit verursacht das Brennen.

Brennnesseln sollte man aber trotzdem schützen. Weißt du warum?

Brennnesseln sind die Futterpflanzen für Schmetterlinge, die vom Aussterben bedroht sind: z.B. Tagpfauenauge, Kleiner Fuchs, Admiral.

Die Große Brennnessel (Urtica dioica) gehört zur Familie der Brennnesselgewächse (Urticaceae).

Man findet sie häufig an Mauern, um Komposthaufen und auf Schuttplätzen. Ihre Anwesenheit weist auf einen hohen Stickstoffgehalt im Boden hin. Da sich derartige Substanzen vor allem dort anreichern, wo Menschen und Haustiere auf engem Raum miteinander leben, können Brennnesselbestände in freier Landschaft oder in Wäldern ein Hinweis auf alte Siedlungen sein. An Wegrändern sorgt oft Hundekot für die nötigen Verbindungen im Boden.

Die Große Brennnessel ist vor allem an ihrem stark vierkantigen Stängel und den grobgesägten, sich paarweise gegenüberstehenden Blättern zu erkennen.

Sie blüht von Juni bis September. Da es sich um eine zweihäusige Pflanze handelt, findet man Brennnesseln mit nur weiblichen und andere mit ausschließlich männlichen Blüten.

Interessant ist ihr gut zu beobachtender Bestäubungsmechanismus. So kann man an trockenen, sonnigen Tagen zuweilen kleine gelbe Wölkchen über den Pflanzen sehen. Die Brennnessel schleudert dann durch kleine Explosionen der Staubbeutel den Pollen aus, welchen der Wind zu den weiblichen Blüten trägt. Diesen Vorgang kann man auch künstlich auslösen, indem man die Staubblätter mit einem Feuerzeug erwärmt.

Der Name "Brenn"nessel deutet auf eine Schutzeinrichtung der Pflanze hin, mit welcher die meisten Menschen vermutlich schon sehr früh unangenehme Erfahrungen gemacht haben.

Bereits bei geringem Kontakt mit den oberirdischen Teilen werden durch einen besonderen Mechanismus Giftstoffe (bisher wurden Ameisensäure, Histamin, Acetylcholin und Serotonin nachgewiesen (FROHNE/PFÄNDER, 1987)) in die Haut gespritzt. Verantwortlich hierfür sind die auf Stängeln und Blättern vorhandenen Brennhaare, welche mit einem entsprechenden Saft gefüllt sind. Ihr oberer Teil endet in einem schräg aufgesetzten Köpfchen. Dieses bricht bei Berührung ab und gibt so dem Haarende Form und Funktion einer Injektionskanüle. Da die Brennhaare durch Einlagerung von Kalk sehr fest sind, gelingt es ihnen leicht, in die menschliche Haut einzudringen. Es kommt zu einem schmerzhaften brennenden Juckreiz mit deutlicher Bläschenbildung.

Die Brennhaare werden als Schutzeinrichtung gegen Tierfraß gedeutet. Man geht hier von der Annahme aus, dass sich Tiere unangenehme Erfahrungen genauso einprägen wie Menschen. Bestimmte Abwehrmittel helfen jedoch in der Regel nur gegen spezielle Tiergruppen. So halten die Brennhaare zwar Säugetiere ab, nicht aber Insekten; die

Brennnessel dient einigen bekannten Schmetterlingsraupen als Futterpflanze: Tagpfaueauge, Kleiner Fuchs, Landkärtchen und Admiral. Eine starke Bekämpfung der Brennnessel als Unkraut führt also zwangsläufig auch zum Rückgang dieser Schmetterlingsarten.

Vor der Einführung der Baumwolle diente die Brennnessel als wichtiger Faserlieferant. Durch Mazeration der Stängel wurden die bis zu 7,5 cm langen Bastfaserzellen isoliert und zu Nesselgarn verzwirnt. Dieses wurde zu Stoffen (Nesseltuch), Stricken und Netzen verarbeitet (FROHNE/PFÄNDER, 1987).

Auch heute noch wird die Brennnessel in mehrfacher Weise genutzt. Im ökologischen Landbau wird Brennnesselabsud (in Wasser aufgekochte Pflanzen) als Spritzmittel gegen Blattläuse empfohlen (OEHMIG, 1991). Industriell ist sie als Rohstoff für die Chlorophyllgewinnung von Bedeutung (FROHNE/PFÄNDER, 1987).

Brennnesseltee gilt als gutes Hausmittel gegen Blutarmut sowie Nieren- und Magen-/Darmerkrankungen. Junge Pflanzen können zu Salat und Suppen verarbeitet werden, wodurch zugleich eine Quelle an Vitamin A und C erschlossen wird (DÜLL/KUTZELNIGG, 1992).

Literatur- und Abbildungsnachweis:

ANONYMUS 1992; BÄSSLER 1963; DÜLL/KUTZELNIGG 1992; FROHNE/PFÄNDER 1987; OEHMIG 1991, PODLECH 1988; Abb.: Archiv der Autoren

Buschwindröschen

Lehrererzählung

Das Buschwindröschen blüht schon sehr früh im Jahr vor den meisten anderen Pflanzen. Die zahlreichen Blüten mit den schneeweißen Blütenblättern, den goldgelben Staubbeuteln und den hellgrünen Stempeln leuchten wie lauter kleine Sternchen vor dem dunklen Waldboden.

Draußen ist es um diese Zeit oft noch ziemlich kalt. Pflanzen, die wie das Buschwindröschen schon früh im Jahr blühen, heißen Frühblüher.

Warum hat es das Buschwindröschen mit dem Blühen so eilig?

Die Pflanze wächst vor allem in Wäldern mit Laubbäumen. Dort gibt es guten, lockeren Boden und Feuchtigkeit, genau das, was die Pflanze benötigt. Sie braucht aber auch viel Licht. Deshalb muss sie blühen, bevor die Laubbäume ihre Blätter bekommen und ihr dann das Licht wegnehmen. Das Laub auf dem Waldboden nimmt die Sonnenwärme auf und speichert sie. Dadurch erhält die Pflanze auch Wärme.

Wie schafft es das Buschwindröschen, so früh zu wachsen und zu blühen?

Es braucht wie alle anderen Pflanzen zum Wachsen und Blühen Nährstoffe. Diese Nährstoffe hat es im vorigen Sommer gesammelt und in einer Art Vorratskammer gespeichert. Die Vorratskammer ist ein Stängel der Pflanze, der waagerecht unter der Erde liegt: er heißt deshalb auch Erdstängel. Der Erdstängel wächst jedes Jahr vorne ein Stückchen weiter und stirbt an seinem Hinterende ein Stückchen ab.

Während die Pflanzenteile über der Erde im Laufe des Sommers absterben, überwintert der Erdstängel. Mit Hilfe der gespeicherten Nährstoffe bildet er im Frühjahr dann schnell neue Blätter und die Blüte. Das Buschwindröschen blüht nur ganz kurz.

Da an kalten Frühlingstagen sehr wenige Insekten fliegen, besteht für die Pflanze nur eine geringe Aussicht, bestäubt zu werden. Ohne Bestäubung können sich keine Samen bilden. Und ohne Samen gibt es keine neuen Buschwindröschen. Aber das Buschwindröschen kann sich auch ohne Insekten vermehren, und zwar mit Hilfe des Erdstängels. Der Erdstängel kann neue Pflanzen bilden. Manchmal verzweigt er sich, und an jeder Spitze entsteht eine Blüte mit Blättern. Nach einiger Zeit trennen sich die Pflanzen, weil der Erdstängel hinten abstirbt. So entstehen aus einer Pflanze zwei Pflanzen.

Buschwindröschen

Schüler-Arbeitsblatt

Das Buschwindröschen blüht schon im März/April.

Deshalb nennt man es _____.

Es besitzt eine schöne Blüte mit 6-7

_____ Blütenblättern, vielen _____

Staubblättern, vielen _____ Stempeln.

Unter der Blüte stehen _____ gefingerte

Blätter.

Unter der Erde hat es einen _____.

Weißt du noch,

- warum das Buschwindröschen so früh blüht?

  _____

- wieso es so früh wachsen und blühen kann?

  _____

- wie es sich auch ohne Samen vermehren kann?

  _____

  _____

Wenn im Mai die Laubbäume ihre Blätter entfalten, ist das Buschwindröschen schon

_____. Bald verwelken auch die Blätter. Nun ruht der _____ des

Buschwindröschens bis _____.

Buschwindröschen

Schüler-Arbeitsblatt

Das Buschwindröschen blüht schon im März/April.

Deshalb nennt man es *Frühblüher*.

Es besitzt eine schöne Blüte mit 6-7 *weißen* Blütenblättern, vielen *gelben* Staubblättern, vielen *grünen* Stempeln.

Unter der Blüte stehen *drei* gefingerte Blätter.

Unter der Erde hat es einen *Erdstängel*.

Weißt du noch,

-   warum das Buschwindröschen so früh blüht?

    weil später zu wenig Licht im Wald ist.

-   wieso es so früh wachsen und blühen kann?

    weil es einen Erdstängel mit Nährstoffen besitzt.

-   wie es sich auch ohne Samen vermehren kann?

    indem sich der Erdstängel verzweigt und dann auseinanderfault.

Wenn im Mai die Laubbäume ihre Blätter entfalten, ist das Buschwindröschen schon *verblüht.* Bald verwelken auch die Blätter. Nun ruht der *Erdstängel* des Buschwindröschens bis *zum nächsten Frühjahr.*

Lehrerinformation

Das Buschwindröschen (Anemone nemorosa) gehört zu den Hahnenfußgewächsen (Ranunculaceae). Es ist eines der verbreitetsten Frühblüher unserer Laubwälder und Hecken. Es blüht bereits im März/April.

Das frühe Blühen ist eine Anpassung an Lichtverhältnisse im Laubwald, denn sobald die Laubhölzer ihre Blätter austreiben, herrscht auf dem Boden darunter Lichtmangel.

Wie alle Frühblüher besitzt das Buschwindröschen ein Speicherorgan - in diesem Fall ein Rhizom (Erdstängel) - in dem es Nährstoffe einlagert. Nur mit deren Hilfe kann es im Frühjahr schnell austreiben, denn der Boden ist noch kalt und die Aufnahme von Wasser und gelösten Nährsalzen ist durch Frost häufig noch verhindert. Nur die Laubschicht wird durch die Sonnenstrahlen aufgewärmt (ihre Temperatur liegt häufig mehrere Grade über der der Lufttemperatur und der Erde); insofern ist es günstig, dass das Rhizom flach unter der Oberfläche liegt.

Beim Buschwindröschen treibt in jedem Jahr an der Spitze des Rhizoms ein Stängel mit einer weißen, manchmal rosa überlaufenen Blüte und drei auf einem Wirtel stehenden geschlitzten Hochblättern aus. Zusätzlich folgt dann noch ein ebenfalls geschlitztes Laubblatt. Die Blüte zeigt den einfachen Bau der Hahnenfußblüte mit je 5-7 freien Kelchblättern und Blütenblättern, zahlreichen Staubblättern und zahlreichen getrennten Stempeln. Nachts und bei kühler Witterung werden die Blüten durch Wachstumsbewegungen geschlossen (DÜLL/KUTZELNIGG 1992).

Da im Frühjahr häufig noch ungünstige klimatische Bedingungen herrschen, ist in Ermangelung von Insektenflug die Bestäubung der Blüten nicht garantiert. Als Ausgleich hat sich wie bei den meisten Frühblühern auch beim Buschwindröschen die Möglichkeit der ungeschlechtlichen (vegetativen) Vermehrung entwickelt: Die Rhizome können sich an ihrer Spitze verzweigen. Da sie am Hinterende abfaulen, werden die Zweige nach wenigen Jahren in selbständige Pflanzen getrennt.

Wie alle anderen Arten der Gattung Anemone ist auch das Buschwindröschen im frischen Zustand durch den Besitz von Protoancmonin giftig und wurde früher zur Herstellung von Pfeilgift verwendet (DÜLL/KUTZELNIGG 1992).

Der Name "Buschwindröschen" leitet sich von zwei Fakten ab: Die große Zahl gelber Staubblätter im Inneren der Blüte lässt an eine Rosenblüte erinnern. Die zarten Blütenstängel schwanken schon bei leichtem Windhauch hin und her.

Literatur- und Abbildungsnachweis:

DÜLL/KUTZELNIGG 1992; EWALD/VENZL 1972; Abb.: Archiv der Autoren

Gänseblümchen

Lehrererzählung

Sicher sind euch schon die zahlreichen gelbweißen Blütenköpfchen der Gänseblümchen auf Wiesen und in Gärten aufgefallen. Sie blühen schon Anfang März, wenn die meisten anderen Blumen noch in der Erde ruhen, um auf wärmeres Wetter zu warten.

Bestimmt wird der Gartenbesitzer seinen Rasen bald wieder einmal mähen. Dabei werden alle Pflänzchen abgeschnitten, was den Gänseblümchen nicht zum ersten Mal widerfährt. Das macht ihnen aber nicht viel aus, denn die Mähmaschine erwischt nur die Blütenköpfchen auf ihren blattlosen, behaarten Stängeln. Die Blätter und Knospen dagegen schmiegen sich dicht an den Boden und bleiben unbeschädigt. Eine solche Blattanordnung nennt man eine Rosette.

Schon nach wenigen Tagen werden die Knospen emporwachsen, aufblühen und die abgeschnittenen Blütenköpfchen ersetzen. Den meisten der anderen Pflanzen geht es nicht so gut: Ihnen fällt das Blühen auf häufig gemähten Wiesen sehr schwer. Einige schaffen es gar nicht. Sie wachsen bald nicht mehr auf solchen Wiesen. Für die Gänseblümchen ist das nur gut, denn die hohen Pflanzen würden ihnen sonst das Licht nehmen.

Wenn wir abends spät noch einmal nach unserer Wiese schauen, hat es den Anschein, als ob sämtliche Gänseblümchen verschwunden wären. Dies ist eine Täuschung. Die kleinen Pflanzen haben ihre Schlafstellung eingenommen. Die weiß-gelben Köpfe hängen nun nach unten und die weißen Randblüten haben sich zusammengeschlossen. So schützen sie die Pollen, die in den gelben Blüten sind, vor Feuchtigkeit.

Die Gänseblümchen werden uns noch bis in den Oktober erfreuen, wenn andere Wiesenblumen schon längst verschwunden sind.

Übrigens kann man Frühlingssuppen verbessern, wenn man die süß schmeckenden Blütenköpfe dazu gibt. Die jungen Blätter lassen sich zu einem schmackhaften Salat anrichten. Manche Menschen nutzen sie auch als Heilmittel. Aus getrockneten Blüten und Blättern kann man einen Tee herstellen, der sehr gut gegen Erkältungen hilft. Er verhindert eine zu starke Schleimbildung im Hals.

Gänseblümchen

<u>Schüler-Arbeitsblatt</u>

Das Gänseblümchen ist eine häufige Wiesenpflanze und leicht zu erkennen: Seine Blätter bilden eine _____; seine Blütenstängel sind _____.

und _____;   die Blütenköpfchen   sind innen _____ und außen _____.

Beschrifte die nebenstehende Abbildung!

Versuche die folgende Zeichnung zu erklären!

1. Schnitt   2. Schnitt   3. Schnitt

Was würde passieren, wenn eine Wiese nicht mehr gemäht wird?

Gänseblümchen

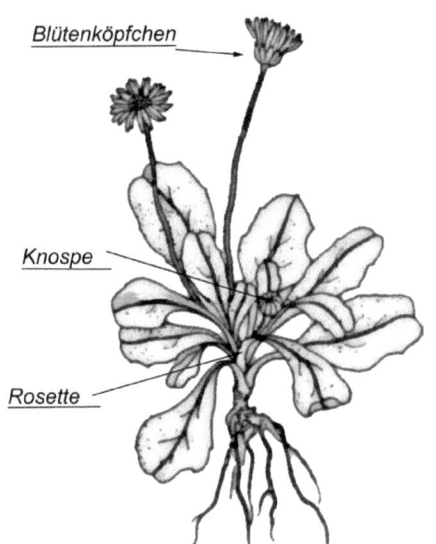

Blütenköpfchen

Knospe

Rosette

Schüler-Arbeitsblatt

Das Gänseblümchen ist eine häufige Wiesenpflanze und leicht zu erkennen: Seine Blätter bilden eine ___Rosette___ ; seine Blütenstängel sind ___blattlos___. und ___behaart___ ; die Blütenköpfchen sind

innen ___gelb___ und außen ___weiß___. Beschrifte die nebenstehende Abbildung!

Versuche die folgende Zeichnung zu erklären!

1. Schnitt   2. Schnitt   3. Schnitt

Wenn eine Wiese mehrmals im Jahr gemäht wird, macht das dem Gänseblümchen nicht viel aus. Es besitzt genügend Knospen, die von der Mähmaschiene nicht erfasst werden. Sie wachsen nach der Mahd schnell wieder zu neuen Blütenköpfchen heran.

Was würde passieren, wenn eine Wiese nicht mehr gemäht wird?

Die Gänseblümchen würden von Gräsern und anderen Pflanzen überwuchert und nach einigen Jahren von der Wiese verschwinden.

Lehrerinformation

Das Gänseblümchen (Bellis perennis) gehört zu den Korbblütengewächsen (Asteraceae). Weitere Vertreter dieser Familie sind u.a. der Gemeine Löwenzahn, die Echte Kamille und der Huflattich.

Es blüht von Anfang März bis Ende Oktober. Sein gelb-weißes Blütenköpfchen besteht aus vielen dicht gedrängt sitzenden Einzelblüten: Die gelben Röhrenblüten sind mit Fruchtknoten und Staubblättern ausgestattet; sie dienen der Fortpflanzung. Die weißen Zungenblüten besitzen hingegen nur weibliche Blütenorgane. Ihre Aufgabe besteht hauptsächlich darin, bestäubende Insekten anzulocken.

Das Gänseblümchen zählt neben dem Löwenzahn zu den bekanntesten "Wildblumen". Ein Grund hierfür ist sicher auch sein Vorkommen auf Rasenflächen, Wiesen und Weiden, d.h. in Lebensräumen, die entscheidend durch den Menschen beeinflusst werden.

So wird eine Wiese normalerweise dreimal im Jahr gemäht, Rasen in Gärten häufig noch öfter. Aufgrund der guten Anpassung an diese Bedingungen beeinträchtigt ein Schnitt die Entwicklung der Pflanze jedoch nur wenig. Ihre langstieligen, gekerbten Blätter bilden eine grundständige Rosette, und auch die Knospen liegen dem Boden dicht an. Unter den Rasenmäher gelangen somit nur die blattlosen, behaarten Stängel mit den offenen Blütenköpfchen. Diese aber können schnell wieder durch hochwachsende und aufblühende Knospen ersetzt werden.

Die Blattrosette deckt zusätzlich eine große Bodenfläche ab. Auf diese Weise erhält das nur 3 bis 10 cm hoch werdende Gänseblümchen selbst in der Zeit kurz vor dem Schnitt genügend Licht. Der umliegende Boden wird gleichzeitig vor dem Austrocknen bewahrt.

Bei Regen und in der Dunkelheit sind deutliche "Schlafbewegungen" an der Pflanze zu beobachten: Die Köpfchen hängen herab und die weißen Blüten schließen die gelben ein. Sie schützen so die Pollen vor Feuchtigkeit.

Das Gänseblumchen findet auch in der Küche Verwendung. Seine süß schmeckenden Blüten sind eine Bereicherung für jede Frühlingssuppe. Aus den Blättern lässt sich ein gesunder Wildsalat zubereiten. Die in der Pflanze enthaltenen Saponine zählen zwar zu den Giften, sind aber im Magen-Darmtrakt völlig harmlos. Sie wirken hier leicht abführend. Nur wenn diese Stoffe in den Blutkreislauf gelangen, sind sie hochtoxisch: Sie zerstören die roten Blutkörperchen.

Tee aus Gänseblümchen hat blutreinigende Wirkung und gilt zudem als gutes Hausmittel gegen Erkältungskrankheiten, Haut- und Leber-, sowie Nieren- und Blasenleiden (DÜLL/KUTZELNIGG 1992).

Formen mit gefüllten Köpfchen finden in Gärten unter dem Namen Tausendschönchen als Zierpflanzen Verwendung.

<u>Literatur- und Abbildungsnachweis</u>:

BÄSSLER 1963; DÜLL/KUTZELNIGG 1992; GARMS 1970; KUGLER 1970; PODLECH 1988; Abb.: Archiv der Autoren

Heckenrose

Was ist das? - Es ist klein, eiförmig und leuchtend rot. Man kann Tee und Marmelade daraus herstellen. - Die Hagebutte.

Auch wenn Hagebuttentee und Hagebuttenmarmelade nicht jedem schmecken, sind sie doch gesund. Das ist schon lange bekannt. Mit heißem Hagebuttentee und Hagebuttenmarmelade kann man sich z.B. vor Erkältungen schützen und etwas gegen die sogenannte Frühjahrsmüdigkeit tun.

Meist kauft man den Tee und die Marmelade im Geschäft. Man kann beides aber auch selbst herstellen. Dazu muss man wissen, wann und wo reife Hagebutten zu finden sind. Das ist im Herbst möglich. In dieser Jahreszeit geht man am besten an einen Abhang, einen Wald- oder Wegrand. An vielen Stellen kann man dort rote Hagebutten sehen. Aufgrund ihrer kräftigen Farbe werden sie auch von vielen Tieren, besonders Vögeln, entdeckt und gefressen.

Der Strauch, an dem Hagebutten hängen, ist die Heckenrose. Hagebutten sind ihre Früchte. Die Heckenrose wird bis zu drei Meter hoch, also sogar etwas höher als ein Zimmer.

Wer einmal in einen Heckenrosenstrauch gefallen ist, wird das kaum vergessen. Leicht ritzen die spitzen Stacheln die Haut auf oder zerreißen sogar die Kleider. Die Heckenrose ist also ein natürlicher Stacheldrahtzaun. Wozu benötigt sie diese Stacheln überhaupt? - Sie sind ein guter Schutz gegen pflanzenfressende Tiere, wie z.B. Rehe.

Zusammen mit anderen Sträuchern bildet die Heckenrose oft dichte Hecken (daher kommt auch ihr Name: Heckenrose). In einer Hecke finden viele kleine Tiere Nahrung. Viele Vogelarten bauen ihre Nester in Hecken. Außerdem können sich Tiere dort vor ihren Feinden verstecken - auch im Winter, wenn die Heckenrose kahl ist.

Spät im Frühling blüht der Strauch. Wie die meisten anderen Rosenarten hat auch die Heckenrose sehr schöne Blüten. Jede besitzt fünf zartrosa oder weiße Blütenblätter.

Übrigens: Von der Heckenrose stammen unsere Gartenrosen ab. Ihre wohlriechenden Blüten kennt jeder. Auch die Heckenrosenblüte verströmt einen feinen, angenehmen Duft. Riecht einmal an einer!

Heckenrose

Schüler-Arbeitsblatt

1. Du siehst rechts die Zeichnung einer
   Heckenrosenblüte. In welcher Jahreszeit
   sieht man solche Blüten am Strauch?

2. Die Zeichnung rechts zeigt einen Heckenrosenzweig.

   a) In welcher Jahreszeit sieht er so aus?

   b) Wie heißen die Früchte, die der Zweig trägt?

   c) Male die Früchte in der richtigen Farbe aus!

3. Trage die Antworten zu den folgenden Fragen in die leeren Kästchen ein!
   (Wenn alles richtig ist, ergibt sich in dem dick umrandeten Feld der Name eines
   Vogels, der die Früchte der Heckenrose frisst.)

   a) Wie heißt das Getränk aus den Früchten der Heckenrose, das vor Erkäl-
      tungen schützt?
   b) Was kann man außerdem aus den Früchten herstellen?
   c) Was besitzt die Heckenrose zum Schutz vor pflanzenfressenden Tieren?
   d) Wie sieht der Strauch im Winter aus?

   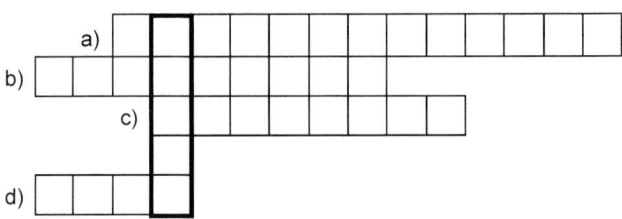

4. Zusammen mit anderen Sträuchern bildet die Heckenrose oft dichte Hecken.
   Nenne einen Grund, warum Hecken für kleine Tiere wichtig sind!

Heckenrose

Schüler-Arbeitsblatt

1. Du siehst rechts die Zeichnung einer
   Heckenrosenblüte. In welcher Jahreszeit
   sieht man solche Blüten am Strauch?

   Im späten Frühjahr bis Frühsommer.

2. Die Zeichnung rechts zeigt einen

   Heckenrosenzweig.

   a) In welcher Jahreszeit sieht er so aus?

   Im Herbst

   b) Wie heißen die Früchte, die der Zweig trägt?

   Hagebutten

   c) Male die Früchte in der richtigen Farbe aus!

3. Trage die Antworten zu den folgenden Fragen in die leeren Kästchen ein!
   (Wenn alles richtig ist, ergibt sich in dem dick umrandeten Feld der Name eines
   Vogels, der die Früchte der Heckenrose frisst.)

   a) Wie heißt das Getränk aus den Früchten der Heckenrose, das vor Erkäl-
      tungen schützt?

   b) Was kann man außerdem aus den Früchten herstellen?

   c) Was besitzt die Heckenrose zum Schutz vor pflanzenfressenden Tieren?

   d) Wie sieht der Strauch im Winter aus?

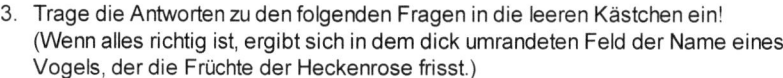

a) H A G E B U T T E N T E E

b) M A R M E L A D E

c) S T A C H E L N

E

d) K A H L

4. Zusammen mit anderen Sträuchern bildet die Heckenrose oft dichte Hecken.
   Nenne einen Grund, warum Hecken für kleine Tiere wichtig sind!

   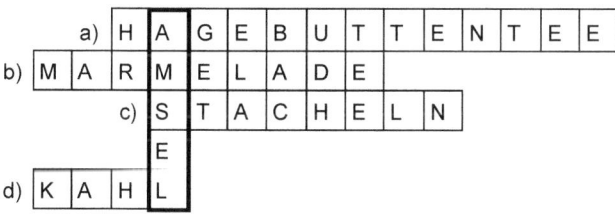

   Kleine Tiere (z.B. Insekten) finden dort Nahrung; Vögel können dort

   Nester bauen; größere Tiere können sich in einer solchen Hecke

   verstecken.

Lehrerinformation

Die Heckenrose (Rosa dumetorum), von der die Gartenrosen abstammen, gehört der Familie der Rosengewächse (Rosaceae) an. Sie kommt überall in Europa vor.

Der bis zu drei Meter hohe Strauch wächst hauptsächlich an Wald- und Wegrändern sowie an Hängen. Oft bildet die Heckenrose zusammen mit anderen Sträuchern undurchdringliche Hecken (Name!), Lebensraum für viele Tiere. Die hängenden Äste der Heckenrose sind mit gekrümmten Stacheln besetzt, die zum Klimmen und als Schutz vor pflanzenfressenden Tieren dienen.

Die wechselständig angeordneten, unpaarig gefiederten Blätter des Strauchs sind fünf- bis siebenzählig. Sie besitzen flaumhaarige Blattstiele, an deren Grund Nebenblättchen stehen. Die einzelnen Fiederblättchen sind eiförmig bis elliptisch, am Rand scharf unregelmäßig gezähnt. Unterseits weisen sie, zumindest auf den Nerven, Haare auf. Im Gegensatz dazu sind die Blättchen und Blattstiele der sehr ähnlichen Hundsrose (Rosa canina) kahl.

Im Juni blüht die Heckenrose. Die 4,5 bis 5 cm großen Blüten befinden sich einzeln oder zu wenigen an den Astenden. Sie besitzen jeweils fünf Kelchblätter, die oft kleine fiederförmige Anhänge haben. Die fünf Kronblätter sind blassrosa bis weiß. Sie umgeben zahlreiche gelbe Staubblätter. Aus dem Inneren ragen viele Stempel. Die große Pollenblüte mit dem feinen Duft lockt Insekten an, die sie bestäuben (Fremdbestäubung). Bleiben diese aus, streuen die Staubblätter Blütenstaub auf die eigenen Narben (Selbstbestäubung).

Die roten Hagebutten (Hagen = Dornstrauch, Butte = Butzen oder Kerngehäuse) sind im September/Oktober voll ausgereift. Sie hängen aber noch im Winter zum Teil vertrocknet am kahlen Strauch. An der Spitze der ca. 1,5 cm langen, eiförmigen Scheinfrüchte befinden sich oft Blütenreste. Als Sammelfrüchte umschließen die Hagebutten zahlreiche harte, behaarte kleine Einzelfrüchte (Nüsschen), von denen jede einen Samen umschließt.

Die Samenverbreitung geschieht hauptsächlich durch Vögel (z.B. Amseln), die die roten Hagebutten (Lockfrüchte) verzehren. Die Schale der Nüsschen wird durch die Verdauungssäfte dieser Tiere nicht zerstört. Die Einzelfrüchte sind somit unverdaulich und werden mit dem Kot wieder ausgeschieden.

Die Vitamin-C-haltigen Hagebutten, die außerdem die Vitamine B_1 und B_2 sowie Carotin, Gerbstoff, Pektin, Mineralsalze, Zitronen- und Apfelsäure enthalten, gelten seit dem Mittelalter als Allheilmittel. Es wird vor allem Tee, Marmelade, aber auch Mus, Saft und Wein daraus hergestellt. Besonders Tee und Marmelade können zur Vorbeugung von Erkältungen, gegen die sogenannte Frühjahrsmüdigkeit und eine erhöhte Infektionsbereitschaft angewandt werden sowie bei Blasen- und Nierenleiden, Rheuma, Gicht und Ischias.

Literatur- und Abbildungsnachweis:

BÄSSLER 1963; BERCK/ERBER 1993; DÜLL/KUTZELNIGG 1992; EWALD/VENZL 1973; PODLECH 1988; Abb.: Archiv der Autoren

Schwarzer Holunder

Früher lebten die Menschen in einfachen Holzhäusern. Wohnraum und Stall befanden sich unter einem Dach. Ein Feuer konnte sich hier verheerend auswirken und einen Bauern schnell um seinen ganzen Besitz bringen. Ebenso wie vor den Flammen fürchtete man sich aber auch vor Hexen, Unholden und bösen Geistern. Um Haus, Hof und Vieh vor solchem Unheil zu bewahren, pflanzten die Bauern einen besonderen Strauch auf ihr Anwesen. Es war der Schwarze Holunder. Seinen Namen erhielt er nach der Göttin "Holla", die ihr bestimmt aus dem Märchen "Frau Holle" kennt. Die Menschen damals glaubten nämlich, dass sich die Göttin in dem Strauch aufhalte und ihm so besondere schützende und heilende Kräfte verleihe.

Noch heute findet man den Schwarzen Holunder oft auf alten Bauernhöfen. Er kommt aber auch in Gebüschen, Hecken und Wäldern vor.

Vielleicht habt ihr sogar einen solchen Strauch in eurem Garten. Um das herauszufinden, müsst ihr genau wissen, woran man ihn erkennt. Im Juni und Juli ist das nicht schwer. Dann trägt er nämlich seine auffälligen weißen Blütenstände, die ein bisschen wie kleine Sonnenschirmchen aussehen. Sie setzen sich aus vielen, dicht beieinanderstehenden Einzelblüten zusammen. Noch im Spätsommer entwickeln sich aus ihnen die saftigen schwarzen Beeren. In dieser Zeit sitzt der Strauch dann auch oft voller Vögel. Sie fressen nämlich die Beeren des Schwarzen Holunders sehr gern. Das ist übrigens auch für die Pflanze von Vorteil. In dem weichen Fruchtfleisch sitzen nämlich die kleinen Samen, die so hart sind, dass die Tiere sie nicht verdauen können. Sie wandern unbeschädigt durch Magen und Darm und gelangen dann mit dem Kot an den unterschiedlichsten Stellen wieder ins Freie. Dort wachsen sie zu neuen Sträuchern heran. Manchmal wundern sich Leute über Holunderpflanzen, die auf Mauern oder Türmen wachsen. Wie sind die wohl dahin gekommen?

Die vitaminreichen Beeren schmecken aber nicht nur den Vögeln, auch wir können sie essen. Aus ihnen lässt sich nämlich ein leckerer Gelee zubereiten. Besonders gut schmecken auch die aus den Blütenständen gebackenen Holunderküchlein. Wenn der Holunder nächstes Jahr im Sommer wieder blüht, solltet ihr sie unbedingt einmal versuchen.

Übrigens gilt der Schwarze Holunder auch heute noch als Heilpflanze. Aus den gesammelten Blüten lässt sich ein wirksamer Tee gegen Erkältungskrankheiten herstellen. Er bringt die Kranken zum Schwitzen, und das ist besonders gut bei

Fieber. Wenn ihr Lust habt, könnt ihr aus den Beeren selber Hustensaft zubereiten. Ihr müsst sie nur gut erhitzen, denn direkt vom Strauch dürft ihr sie nicht essen, weil sie roh leicht giftig sind.

Aus jungen Zweigen kann man auch leicht eine Flöte herstellen. In den Zweigen befindet sich nämlich weiches Mark, das man mit einem Häkchen oder einem Draht herausstoßen kann. Wenn man dann oben schräg darüber bläst, gibt es einen Ton.

Wenn man dann noch ein paar Löcher in den Zweig schneidet, kann man wie bei einer richtigen Flöte durch Zuhalten oder Öffnen der Löcher mit den Fingern mehrere Töne erzeugen.

Schwarzer Holunder

Schüler-Arbeitsblatt

1. Auf dem Bild siehst du, woran du den
   Schwarzen Holunder erkennen kannst:

   _____

   _____

   _____ .

2. Weißt du, woher der Holunderstrauch
   seinen Namen hat? Denke dabei an die
   Frau Holle!

   _____

   _____

   _____

   _____ .

3. Der Schwarze Holunder ist wirklich eine Pflanze, die man als Heilpflanze nutzen
   kann:

   Aus den Blüten _____ .

   Aus den Beeren _____ .

   Der Saft _____ .

   Aber die rohen Beeren?! _____ .

4. Den Schwarzen Holunder findet man manchmal auf Türmen und hohen Mauern.
   Kannst du dir denken, wie er dorthin gekommen ist?

   _____

   _____

Schwarzer Holunder

1. Auf dem Bild siehst du, woran du den Schwarzen Holunder erkennen kannst:

   Gefiederte Blätter, schirmförmiger Blütenstand mit vielen kleinen Blütchen.

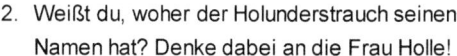

2. Weißt du, woher der Holunderstrauch seinen Namen hat? Denke dabei an die Frau Holle!

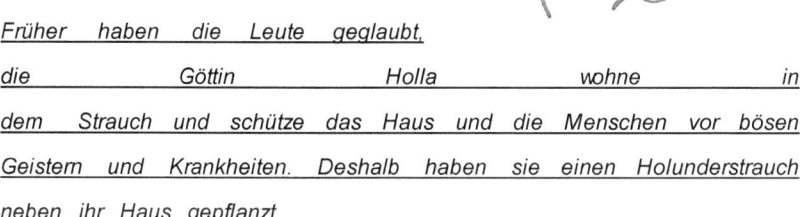

   Früher haben die Leute geglaubt, die Göttin Holla wohne in dem Strauch und schütze das Haus und die Menschen vor bösen Geistern und Krankheiten. Deshalb haben sie einen Holunderstrauch neben ihr Haus gepflanzt.

3. Der Schwarze Holunder ist wirklich eine Pflanze, die man als Heilpflanze nutzen kann:

   Aus den Blüten *kann man Gebäck machen.*

   Aus den Beeren *kann man Gelee und Hustensaft herstellen.*

   Der Saft *ist auch sehr gesund, wenn man Fieber hat.*

   Aber die rohen Beeren?! *Darf man nicht essen, weil sie giftig sind.*

4. Den Schwarzen Holunder findet man manchmal auf Türmen und hohen Mauern. Kannst du dir denken, wie er dorthin gekommen ist?

   Vögel haben dort ihren Kot mit Samen vom Holunder abgegeben.

Lehrerinformation

Der Schwarze Holunder (Sambucus nigra) gehört zu den Geißblattgewächsen (Caprifoliaceae). Weitere Vertreter dieser Familie sind u.a. die Rote Heckenkirsche, der Gemeine Schneeball und die Schneebeere oder Knallerbse.

Er wächst in Gebüschen, Hecken und Wäldern auf stickstoff- und phosphathaltigen Böden. In freier Natur führen Ansammlungen tierischer Ausscheidungen zu derartigen Anreicherungen. So weisen große Holunderbestände oft auf Dachsbauten oder Kaninchenhöhlen, Zufluchtsorte von Rehen und Hirschen oder aber Lagerstätten von Weidetieren hin.

Der bis zu 7 m hoch werdende Strauch ist das ganze Jahr über gut zu bestimmen. Die graubraune Rinde und das große, weiße Mark der einjährigen Sprosse machen ihn unverwechselbar. Die gegenständig angeordneten Blätter sind unpaarig gefiedert. Im Juni/Juli fallen die vielen kleinen, in flachen Trugdolden zusammenstehenden Blüten auf. Sie verbreiten einen stark aromatischen Duft. Nach der Befruchtung entwickeln sich im Spätsommer aus ihren Fruchtknoten die zunächst grünen, im reifen Zustand dann schwarzen Beeren. Vögel fressen diese vitaminreichen Früchte gerne und sorgen so für die Verbreitung des Holunders. Sie können nämlich nur das weiche Fruchtfleisch verdauen, die Samen bleiben unversehrt. Mit dem Kot und somit auch den nötigen Nährsalzen gelangen sie ins Freie. So passiert es nicht selten, dass Holunderpflanzen an recht ungewöhnlichen Standorten wie z.B. auf Türmen anzutreffen sind.

Blütenstände und Beeren finden vielfach als Nahrungsmittel Verwendung. Aus den weißen Trugdolden werden die wohlschmeckenden "Holunderplätzchen" oder "Holderküchlein" zubereitet:

Rezept: 80 g Mehl, Salz, Zucker, 1/8 l Bier und 1 Eigelb zu Teig rühren. Eiweiß mit 1 Prise Salz zu Schnee schlagen und unter den Teig heben. 150 g Fett in einer hohen Pfanne erhitzen. Holunderblüten als ganze Dolde in den Teig eintauchen, abtropfen lassen und in Fett tauchen. Nach zwei Minuten herausheben, nochmals abtropfen lassen. Mit Puderzucker bestreuen. (ANONYMUS, 1992)

Die noch grünen Beeren dienen als Kapernersatz. Im reifen Zustand schließlich kann man daraus Gelee oder Saft herstellen. Die Früchte dürfen aber keinesfalls direkt vom Strauch gegessen werden. Roh enthalten sie nämlich vor allem in den Samen brechreizerregende und abführend wirkende Substanzen. Bei Kindern kann bereits der Genuss weniger Beeren zu heftigen Reaktionen führen. Durch Erhitzen verlieren die dafür verantwortlichen Stoffe jedoch ihre Wirkung.

Der Schwarze Holunder ist auch eine bekannte Heilpflanze. Seine Blütenstände helfen in Form von Tee gegen Gicht, Rheuma und Erkältungskrankheiten. Leidet man unter

Verstopfung, sollte die Rinde des Strauches für ein solches Getränk verwendet werden. Aus den Beeren lässt sich ein wirksamer Hustensaft zubereiten.

Seinen Namen hat der Holunder nach der germanischen Göttin Holla - bekannt aus dem Märchen "Frau Holle". Ihr weihten die Germanen den Strauch. Man vermutete nämlich, dass sie sich darin aufhielte und ihn so mit geheimnisvoll schützenden Kräften ausrüste. Um Unheil von Haus, Hof und Vieh fernzuhalten, pflanzte deshalb jeder germanische Bauer einen Holunder auf sein Anwesen. Dieser durfte nicht vernichtet werden.

<u>Literatur- und Abbildungsnachweis</u>:

ANONYMUS 1992; BARDORFF 1962; BÄSSLER 1963; DÜLL/KUTZELNIGG 1992; PODLECH 1988; Abb.: Archiv der Autoren

Huflattich

Lehrererzählung

Früher wurde der Huflattich von vielen Menschen als Heilpflanze genutzt. Wenn man die Blüten und Blätter sammelt und trocknet, kann man daraus einen wirksamen Hustentee bereiten. Der wirkt gegen Hustenreiz und verhindert, dass sich zu viel Schleim im Hals bildet.

Wer die Pflanze sammeln will, muss natürlich genau wissen, woran man sie erkennt: Die leuchtend gelben Blütenköpfchen erscheinen schon im März/April. Sie sehen dem Löwenzahn sehr ähnlich. Aber sie sind etwas kleiner, und an ihren Stängeln befinden sich viele winzige Blättchen. Meist stehen mehrere Blütenstängel dicht beieinander. Das Merkwürdige ist, dass die Huflattichblätter erst später erscheinen, dann nämlich, wenn aus den Blüten kleine Früchte mit Fallschirmen geworden sind, so ähnlich wie die Pusteblumen beim Löwenzahn.

Die Blätter sind ganz dicht mit feinen Härchen besetzt; auf der Unterseite sehen sie deshalb silbrig weiß aus, so als seien sie mit einem Spinnengewebe überzogen. Sie haben eine Form, die so ähnlich aussieht wie ein Pferdehuf. Daher stammt auch der Name "Huflattich".

Huflattich

Woran man den Huflattich erkennt? (Beachte die Abbildungen!)

Die Blütenköpfchen sind _____

Die Stängel der Blütenköpfchen sind _____

_____

Die Blätter haben eine ähnliche Form wie ein _____

Sie sind besonders auf der Unterseite _____

_____

Die Fruchtstände ähneln der _____

Wann der Huflattich blüht

Blühenden Huflattich kann man schon im _____ finden.

Die Blätter erscheinen erst, _____

_____.

Wie man aus Huflattich Hustentee herstellt

Man sammelt Blätter und wäscht sie mit klarem Wasser ab, weil sie meistens staubig sind.

Man breitet sie auf einem großen Bogen Packpapier aus und legt sie an einen luftigen Ort.

Wenn sie richtig trocken sind, kann man sie in einer Tüte oder einem Glas aufbewahren.

Nun kannst du dir einen Tee aufbrühen, wenn du Husten hast.

Huflattich

Woran man den Huflattich
erkennt? (Beachte die Abbildungen!)

Die Blütenköpfchen sind *leuchtend gelb.*

Die Stängel der Blütenköpfchen sind *dicht mit*

kleinen Blättchen besetzt.

Die Blätter haben eine ähnliche Form *wie ein Hufeisen.*

Sie sind besonders auf der Unterseite *dicht mit*

feinen Haaren besetzt.

Die Fruchtstände ähneln *der einer Pusteblume*

Wann der Huflattich blüht

Blühenden Huflattich kann man schon im *März/April* finden.

Die Blätter erscheinen erst, *wenn viele Blütenköpfchen schon zu*

"Pusteblumen" geworden sind.

Wie man aus Huflattich Hustentee herstellt

Man sammelt Blätter und wäscht sie mit klarem Wasser ab, weil sie meistens
staubig sind.

Man breitet sie auf einem großen Bogen Packpapier aus und legt sie an einen
luftigen Ort.

Wenn sie richtig trocken sind, kann man sie in einer Tüte oder einem Glas
aufbewahren.

Nun kannst du dir einen Tee aufbrühen, wenn du Husten hast.

Lehrerinformation

Der Huflattich (Tussilago farfara) gehört zur Familie der Korbblütler (Asteraceae). Er blüht bereits im März/April. Das Besondere an ihm ist, dass die Blüten vor den Blättern erscheinen. Die Blüten stehen wie bei allen Korbblütlern in dichten Köpfchen, d.h. dass das, was wie eine Blüte aussieht, tatsächlich ein Blütenstand ist, der aus vielen kleinen Einzelblüten besteht. Dabei gibt es bei den Korbblütlern zwei Typen von Blüten: Röhrenblüten, bei denen die zu einer Röhre verwachsenen Blütenblätter oben als fünf gleiche Zipfel zu erkennen sind, und Zungenblüten, bei denen die Zipfel nach einer Seite hin als schmale "Zunge" lang ausgezogen sind. An ihrem Ende sind bei manchen Arten noch fünf kleine Zähnchen vorhanden, bei vielen Arten sind aber nur noch drei oder noch weniger zu erkennen. Beim Huflattich stehen innen gelbe Röhrenblüten, außen gelbe Zungenblüten.

Der köpfchentragende Stängel ist dicht mit schuppenförmigen Blättchen besetzt. Die Blätter erscheinen erst dann, wenn die ersten Blütenstände schon im Zustand der Fruchtreife sind. Die Fruchtstände sehen denen des Löwenzahns ähnlich. Die Form des Blattes erinnert ein wenig an die eines Pferdehufes, daher der Name Huflattich. Die Blätter sind besonders auf der Unterseite dicht filzig behaart.

Man findet die leuchtend gelben Blütenstände, die sich bei Sonne öffnen, bei Regen schließen, häufig in größeren Beständen an Wegrainen und auf Ruderalflächen, stets dort, wo etwas Staunässe im Boden herrscht. Da Staunässe häufig durch wasserundurchlässige tonige Böden bedingt ist, kann die Pflanze auch als Anzeiger für Ton oder Lehm genutzt werden. Die Wurzeln reichen bis zu 1 m tief. In den Wurzeln sind die Nährstoffe gespeichert, die der Pflanze das frühe Austreiben ermöglichen. Wie die meisten Frühblüher kann sich auch der Huflattich vegetativ vermehren: Er bildet bis zu 2 m lange Ausläufer (DÜLL/KUTZELNIGG 1992).

Der Huflattich gilt als Hausmittel gegen Husten, Hals- und Brustschmerzen. Dem aus den Blättern hergestellten Huflattichtee werden schleimlösende und Hustenreiz unterdrückende Wirkungen zugeschrieben.

Literatur- und Abbildungsnachweis:
BÄSSLER 1963; DÜLL/KUTZELNIGG 1992; PODLECH 1988; Abb.: Archiv der Autoren

Klatschmohn

Wenn wir die Blüte des Klatschmohns betrachten, sehen wir zwischen den roten Blütenblättern in der Mitte ein Gebilde, das wie ein kleines Fässchen aussieht, das oben einen flachen Deckel trägt. Es ist der Fruchtknoten mit der Narbe, die wie ein Rad mit Speichen aussieht. Hier muss Blütenstaub abgeladen werden, damit die Blüte befruchtet wird. Wenn Insekten kommen, um Nektar zu holen, streifen sie den Blütenstaub, den sie von anderen Blüten mitgebracht haben, auf der Narbe ab. Wenn die Blüte durch Insekten bestäubt ist, fallen die weichen Blütenblätter bald ab. Nur der Fruchtknoten mit der radförmigen Narbe bleibt zurück und entwickelt sich zur Frucht.

Die Frucht ist innen in viele kleine Kammern geteilt. In diesen Kammern reifen die Samen heran. Zuerst sind es kleine grüne Kügelchen. Später werden sie dunkel und hart und liegen lose in den Kammern. Unter der Narbe entstehen dann kleine Löcher.

Wenn Wind aufkommt, wird der Stängel gebogen und federt sofort wieder zurück. Dadurch wird die Frucht gerüttelt: Die Samen werden durch die Löcher wie aus einem Salzstreuer herausgeschleudert.

Weil die Samen so leicht sind, fliegen sie oft mehrere Meter weit fort. Aus ihnen wachsen dann wieder neue Mohnpflanzen. Auf diese Weise wird der Klatschmohn verbreitet.

Jetzt wissen wir noch gar nicht, warum diese Pflanze Klatschmohn heißt: Früher war der Klatschmohn eine beliebte Pflanze bei den Kindern. Die Mädchen formten aus den Blüten Puppen. Die Jungen krümmten den Zeigefinger und Daumen zu einem Ring und legten ein Blütenblatt darüber. Dann schlugen sie mit der anderen Hand darauf, so dass das Blütenblatt mit lautem Klatsch zerriss. Ihr könnt das auch einmal probieren.

Klatschmohn

Der Klatschmohn hat schöne

_____ Blüten, die weithin

leuchten. In der Blüte befinden sich

viele _____ Staubblätter und ein

_____ Fruchtknoten. Oben auf dem

Fruchtknoten sitzt wie ein Deckel die

_____. Wenn wir den Deckel

abbrechen, sehen wir im

Fruchtknoten viele kleine Kammern

und darin lauter kleine schwarze

_____.

Beschrifte die Linien

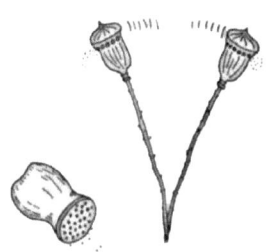

Und so streut der Mohn seine Samen aus:

_____

_____

._____

_____

wie bei einem Salzstreuer.

Woher der Klatschmohn seinen Namen hat:

Wenn du draußen einmal Klatschmohn findest, dann kannst du es ausprobieren: Du machst aus Daumen und Zeigefinger einen Ring. Darauf legst du ein Blütenblatt. Dann schlägst du mit der flachen anderen Hand fest darauf: Es macht "klatsch"!

Klatschmohn

Schüler-Arbeitsblatt

Narbe

Fruchtknoten

Der Klatschmohn hat schöne _feuerrote_ Blüten, die weithin leuchten. In der Blüte befinden sich viele _schwarze_ Staubblätter und ein _dicker_ Fruchtknoten. Oben auf dem Fruchtknoten sitzt wie ein Deckel die _Narbe_. Wenn wir den Deckel abbrechen, sehen wir im Fruchtknoten viele kleine Kammern und darin lauter kleine schwarze _Samen_.

Beschrifte die Linien

Und so streut der Mohn seine Samen aus:

Der Wind rüttelt den Mohn hin und her. Dabei werden die Samen weit weg geschleudert, wie bei einem Salzstreuer.

Woher der Klatschmohn seinen Namen hat:

Wenn du draußen einmal Klatschmohn findest, dann kannst du es ausprobieren: Du machst aus Daumen und Zeigefinger einen Ring. Darauf legst du ein Blütenblatt. Dann schlägst du mit der flachen anderen Hand fest darauf: Es macht "klatsch"!

Lehrerinformation

Der Klatschmohn (Papaver rhoeas) war früher wohl das bekannteste Mohngewächs (Papaveraceae) und eine wegen seiner leuchtend roten Blütenfarbe beliebte Pflanze. Heute ist sie vielerorts durch den Einsatz von Herbiziden stark zurückgegangen. Durch die Verschonung von Ackerrandstreifen in jüngster Zeit besteht die Hoffnung, dass diese Pflanze wieder häufiger wird.

Klatschmohn bevorzugt warme Standorte auf mehr oder weniger kalkhaltigen (basischen) Böden; man findet ihn an Wegrainen und auf Ruderalflächen. Die Kelchblätter fallen schon früh ab. Innerhalb der zarten, roten Blütenblätter stehen viele Staubblätter um einen bauchigen Fruchtknoten, an dem sich oben eine flache Scheibe befindet. Auf dieser Scheibe sind die Narben als radiäre Streifen angeordnet. Der Klatschmohn erzeugt eine ungeheuer große Zahl an Pollenkörnern (2,5 Millionen). Diese werden von Insekten (z.B. Bienen) von Blüte zu Blüte transportiert. Die Bienen erkennen den Klatschmohn allerdings nicht an der roten Farbe, denn sie sind rotblind. Dafür können sie UV-Licht wahrnehmen, welches von den Blütenblättern stark reflektiert wird. Dunkle Saftmale lenken sie zur Blütenmitte, wo sie die Scheibe auf dem Fruchtknoten als Anflugplatz benutzen.

Die Hauptausschüttung der Pollen erfolgt morgens bis etwa 10 Uhr, in der Zeit, in der der stärkste Insektenanflug erfolgt. Die Frucht ist eine Kapsel, die innen durch unvollständige Scheidewände gekammert ist. Unter der Scheibe bilden sich bei der Reife kleine Öffnungen, durch die die winzigen Samenkörner bei Wind ausgestreut werden. Auch die Zahl der Samen ist mit etwa 5.000 je Kapsel ungewöhnlich hoch. Die sehr leichten Samenkörner werden bis zu 4 m, bei starkem Wind auch noch weiter herausgeschleudert. Die Samen sind sehr fetthaltig.

Die gesamte Pflanze außer den Samen enthält zahlreiche Alkaloide (vor allem das opiumverwandte Rhoeadin) und ist schwach giftig (DÜLL/KUTZELNIGG 1992).

Mohn hat aufgrund des Geschmacks der Samen (Mohnbrötchen, Mohnkuchen) und als Grundlage für die Opiumherstellung eine wirtschaftliche Bedeutung. Allerdings handelt es sich dabei nicht um den Klatschmohn, sondern um verwandte Arten, so z.B. den schon seit dem Mittelalter kultivierten rosa oder violett blühenden Schlafmohn (Papaver somniferum) (DÜLL/KUTZELNIGG 1992).

Literatur- und Abbildungsnachweis:

DÜLL/KUTZELNIGG 1992; EWALD/VENZL 1972; PODLECH 1988; Abb.: Archiv der Autoren

Gemeiner Löwenzahn

Lehrererzählung

Ihr alle kennt sicher die Pusteblume mit den zahlreichen kleinen Fallschirmchen. Wenn man dagegen bläst, fliegen diese leicht fort und können vom Wind oft viele Kilometer weit fortgetragen werden. Da an jedem Fallschirmchen eine kleine Frucht hängt, wird so für die Verbreitung der Pflanze gesorgt. Die Pflanze, zu der die Pusteblume gehört, heißt Gemeiner Löwenzahn. Er ist leicht an seinen leuchtend gelben Blütenköpfchen zu erkennen, die auf einem langen, glatten Stängel sitzen.

Er wächst auf Wiesen, Äckern, am Wegrand, auf Mauern, in Gärten und alten Dachrinnen, ja sogar auf Bäumen! Wie ist das möglich?

Die Pflanze kann sich besonders gut an ihre Umgebung anpassen: Ihre Größe hängt von dem Wasser und den Nährsalzen ab, die ein Boden enthält. Zwischen Pflastersteinen wachsen kleine Kümmerlinge, auf feuchten Wiesen große Löwenzahnpflanzen. Dass der Löwenzahn an so unterschiedlichen Orten existieren kann, liegt an seinen günstigen Baumerkmalen:

1. Er besitzt eine lange, tief in den Boden reichende Wurzel. Mit ihrer Hilfe kommt er an das Wasser tief im Boden und kann so auch auf trockeneren Böden wachsen.

2. Über der Wurzel sitzt ein ganz kurzer Stängel. Aus ihm können immer wieder neue Blätter und Stängel mit Blütenkörbchen wachsen. Das ist von Vorteil, wenn die Pflanze abgemäht wird. Der Stängel wird dabei nicht erfasst oder nur wenig beschädigt.

3. Die Blätter stehen in einem Kreis dicht über dem Boden. Sie sorgen dafür, dass andere Pflanzen dem Löwenzahn nicht den Platz wegnehmen. An trockenen Plätzen liegen die Blätter dem Boden dicht an. Sie werfen Schatten und sorgen dafür, dass sich die Feuchtigkeit länger hält. Auf feuchten Wiesen dagegen sind die Blätter viel größer, zarter und liegen nicht so dicht am Boden. Der Gemeine Löwenzahn ist also ein richtiger Anpassungskünstler.

Was glaubt ihr, woher der Löwenzahl seinen Namen hat? Wenn man sich die Blätter anschaut, erinnert ihre Form ein bisschen an die Zähne eines Löwen. Manche Leute nennen die Pflanze aber auch Butterblume. Das kommt daher, dass man früher mit den Blüten die Butter schön gelb gefärbt hat. Es gibt aber auch noch andere gelbe Blüten, die man zum Butterfärben verwendet hat. In manchen Gegenden heißen deshalb andere Pflanzen, z.B. der Hahnenfuß, Butterblume. Besonders üppig wächst der Löwenzahn auf Kuhweiden, deshalb heißt er auch noch Kuhblume.

Der Gemeine Löwenzahn

Schüler-Arbeitsblatt

Sieh Dir die Abbildung genau an. Dann fällt Dir sicher wieder ein, wieso der Löwenzahn ein Anpassungskünstler ist, der an verschiedenen Orten wachsen kann.

_____

_____

_____

_____

_____

_____

_____

_____ .

_____

Der Löwenzahn hat verschiedene Namen. Kannst Du sie erklären?
Betrachte dazu auch die Bilder:

Löwenzahn: _____

_____

_____ .

Butterblume: _____

_____

_____

_____ .

Pusteblume: _____

_____ .

Der Gemeine Löwenzahn

Sieh Dir die Abbildung genau an. Dann fällt Dir sicher wieder ein, wieso der Löwenzahn ein Anpassungskünstler ist, der an verschiedenen Orten wachsen kann.

Er hat eine lange Pfahlwurzel und kann so auch auf trockenen Böden ans Wasser. Er hat eine Blattrosette, die sich dem Boden dicht anlegen kann. Sie verdrängt so andere Pflanzen und hält den Boden schattig und feucht. Aus dem kurzen Stängel kann sie nach dem Mähen immer wieder auswachsen.

Der Löwenzahn hat verschiedene Namen. Kannst Du sie erklären?
Betrachte dazu auch die Bilder:

Löwenzahn: *Die Blätter sind so gezähnt wie ein Löwengebiss.*

Butterblume: *Die gelben Blüten wurden früher zum Färben von Butter verwendet.*

Pusteblume: *Es macht Spaß, die Fallschirmfrüchte wegzupusten.*

Der Gemeine Löwenzahn (Taraxacum officinale) ist ein Korbblütler (Compositae = Asteraceae). Diese Familie ist dadurch gekennzeichnet, dass viele kleine Blüten zu einem dichten Blütenstand (Köpfchen, Körbchen) zusammentreten und als Gesamtheit den Eindruck einer Einzelblüte vermitteln.

Dabei gibt es zwei Typen von Blüten: Röhrenblüten, bei denen die fünf Blütenblätter zu einer Röhre verwachsen sind und sich oben in fünf gleiche Blütenzipfel aufspalten, und Zungenblüten, bei denen die fünf Blütenblätter ebenfalls eine Röhre bilden, oben jedoch nach einer Seite hin zungenförmig ausgezogen sind. An der Spitze der Zunge sind kleine Zähnchen zu erkennen, bei vielen Arten fünf, bei manchen aber weniger. Diese Zähnchen entsprechen den Zipfeln der Röhrenblüten.

Außerdem nennt man die am Rand des Köpfchens stehenden Blüten Randblüten, die in der Mitte stehenden Scheibenblüten. Die Randblüten sind häufig steril.

Der Löwenzahn besitzt nur Zungenblüten. Diese sind sowohl am Rand wie auf der Scheibe goldgelb.

Die Blüten werden bei schlechtem Wetter geschlossen. Dies geschieht durch höheres Wachstum in den Köpfchenaußenseiten der Hüllblätter. Der Stängel des Blütenköpfchens ist hohl und blattlos.

Die Blätter entspringen einer sehr kurzen Sprossachse. Sie bilden eine Rosette und liegen in der Regel dem Boden flach auf. Ihre Form wird als schrotsägenförmig bezeichnet.

Die Pflanze besitzt eine kräftige Pfahlwurzel, die bis zu 2 m tief reichen kann.

Die ganze Pflanze besitzt Milchsaft, der durch seinen Kautschukgehalt (0,1 %) klebrig wirkt. Der Besitz von Milchsaft ist ein Kennzeichen aller Korbblütler, die nur Zungenblüten besitzen.

Die Bestäubung erfolgt durch Insekten. Besonders Bienen fliegen die Pflanze an, da sie reichlich Nektar bietet (125.000 Blütenköpfe bringen 1 kg Honig). Daneben kommt auch Selbstbestäubung und sogar Parthenogenese, Fruchtbildung ohne Befruchtung, vor. Nach der Befruchtung verwelken die gelben Blütenblätter. Der Hüllkelch schließt sich bis zur Fruchtreife. Auch danach öffnet er sich nur bei trockenem Wetter. Die fruchtende Pflanze ist als Pusteblume allgemein bekannt. Die einzelnen Früchte besitzen einen Flugapparat in Form eines gestielten "Fallschirms", der als Pappus bezeichnet wird. Da sich zur Fruchtreife der Köpfchenstängel auf das Zwei- bis Vierfache verlängert und der Blütenboden sich halbkugelig aufwölbt, entsteht eine günstige Abflugbasis für die Früchte. Sie können eine Flugweite bis zu 10 km erreichen. Gelandete Früchte haften mit ihren kleinen borstigen Häkchen am Boden fest.

Der Löwenzahn bevorzugt nährsalzreiche, feuchte Böden. Sein Wachstum wird durch Dünger sehr gefördert, sodass er sich auf Kuhweiden (Kuhblume) schnell ausbreitet. Da er mit seiner Blattrosette das Wachstum von Gras verhindert, ist er auf Weiden und Rasen nicht erwünscht. Infolge seiner langen Pfahlwurzel ist er nur schwer zu beseitigen. Hinzu kommt eine hohe Regenerationsfähigkeit durch Wurzelteilung.

Der Gemeine Löwenzahn ist sehr anpassungsfähig und vermag auf Böden mit unterschiedlichsten Bedingungen zu wachsen. Sein Habitus kann sich dementsprechend stark verändern. Dies beruht allerdings nicht allein auf Modifikation, vielmehr hat man rund 140 ökologisch spezialisierte sogenannte Kleinarten festgestellt.

Die Pflanze fand früher und findet auch heute noch vielseitige Verwendung: Sie ist ein beliebtes Futter für Kaninchen und Meerschweinchen. Junge Blätter lassen sich zu einem etwas herben, aber vitaminreichen und appetitanregenden Salat verarbeiten. Die Knospen wurden als Kapernersatz verwendet. Im Herbst gegrabene Wurzeln lieferten geröstet, ähnlich wie die Zichorie, einen Kaffee-Ersatz. Auch als Arzneipflanze spielt der Gemeine Löwenzahn eine Rolle: Die Wurzeln fördern die Gallensekretion und werden bei Lebererkrankungen empfohlen. Die Blätter wirken harntreibend (schwäbisch "Bettseicherle") und können bei Nieren- und Blasenerkrankungen wirksam werden. Außerdem sollen sie blutreinigend wirken und werden deshalb für Frühjahrskuren verwendet. Neuerdings werden in Italien angebaute Löwenzahnpflanzen auf dem Markt angeboten.

Früher benutzte man die Blüten auch zum Färben der Butter; daher stammt der Name "Butterblume". Allerdings werden in verschiedenen Gegenden auch andere gelbblühende Pflanzen, z.B. Hahnenfuß, so bezeichnet.

Wenn man einen Löwenzahnstängel aufspaltet und dann ins Wasser stellt, rollen sich die beiden Stängelhälften nach außen auf. Dies beruht auf einer Dehnung der Innenwandzellen.

Literatur- und Abbildungsnachweis:

BÄSSLER 1963; DÜLL/KUTZELNIGG 1992; EWALD/VENZL 1973; PODLECH 1988; Abb.: Archiv der Autoren

Raps

Lehrererzählung

Sicher habt ihr schon im Frühsommer die leuchtend gelben Felder gesehen. Es sind Rapsfelder. Der Raps ist eine wichtige Kulturpflanze. Die Rapssamen enthalten nämlich sehr viel Öl, fast die Hälfte ihres Gewichtes. Wenn man Rapssamen auf ein Papier legt und mit dem Finger zerdrückt, gibt es einen Fettfleck.

Die Menschen haben sich dies zunutze gemacht, indem sie die Samen auspressen und aus dem Öl Speiseöl, Margarine und Schmieröl herstellen. Es sind sogar schon Versuche gemacht worden, Rapsöl statt Dieselöl zum Autofahren zu verwenden. Die ausgepressten Samen können auch noch als wertvolles Viehfutter verwendet werden.

Übrigens hat der Raps eine Blüte, die man sich leicht merken kann. Außen stehen vier grünliche Kelchblätter, dann folgen die vier Blütenblätter. Wenn wir von oben auf die Blüte schauen, sehen wir, dass die Kelchblätter und die Blütenblätter je ein Kreuz bilden. Deshalb nennt man die ganze Familie, zu der der Raps gehört, Kreuzblütler. Innen stehen zwei kurze und vier lange Staubblätter und ganz in der Mitte der Stempel.

Wenn die Rapsfrucht reif ist, platzt sie in zwei Hälften auseinander, sodass die Samen herausfallen können. Eine solche Frucht nennt man eine Schote.

Raps

Schüler-Arbeitsblatt

Der Raps ist eine wichtige Kulturpflanze. Seine Samen enthalten viel _____.

Was man alles daraus herstellen kann:

_____

_____

_____

_____

Der Raps gehört zur Familie der _____. Das erkennen wir leicht an der Blüte. Sie besitzt:
Die Kelchblätter und die Blütenblätter bilden ein _____.
Und so sieht die Frucht aus:

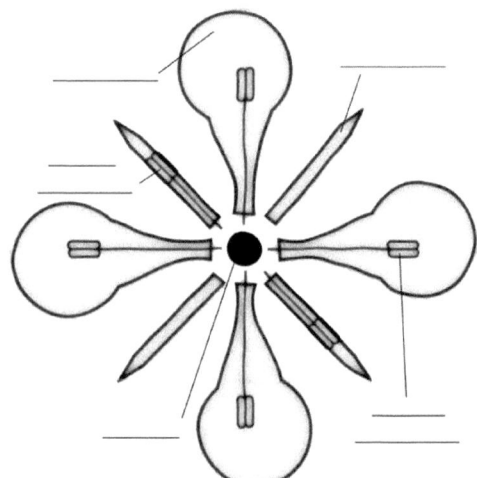

Man nennt diese Fruchtform _____.

Raps

Der Raps ist eine wichtige Kulturpflanze.

Seine Samen enthalten viel __Öl__.

Was man alles daraus herstellen kann:

Speiseöl   *Margarine*

Schmieröl   *Viehfutter*

Der Raps gehört zur Familie der *Kreuzblütler.* Das erkennen wir leicht an der Blüte. Sie besitzt:

Die Kelchblätter und die Blütenblätter bilden ein __*Kreuz*__.

Und so sieht die Frucht aus:

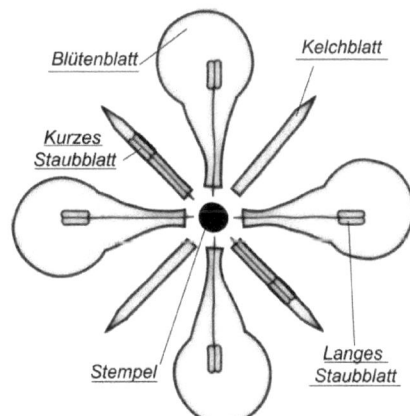

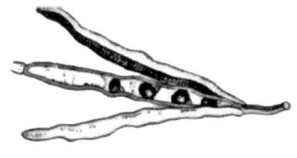

Man nennt diese Fruchtform __*Schote*__.

Lehrerinformation

Der Raps (Brassica napus) ist ein Kreuzblütler (Brassicaceae = Cruciferae) und zeigt als solcher den typischen Aufbau der Cruciferen-Blüte: vier Kelchblätter, vier Blütenblätter (beide in Kreuzform angeordnet), zwei kurze und vier lange Staubblätter, ein länglicher Fruchtknoten mit abgesetzter Narbe. Da der Fruchtknoten aus zwei Fruchtblättern besteht, bricht die Frucht bei der Reife in zwei Schalenhälften auseinander und entlässt den Samen. Dazwischen bleibt eine dünne Wand stehen, die den Innenraum in zwei Kammern getrennt hat. Eine solche Fruchtform nennt man eine Schote.

Als Ölpflanze ist der Raps eine wichtige Kulturpflanze. Seine Samen enthalten etwa 40 % Öl. Die Pflanze stammt aus dem Mittelmeergebiet. Dort und in Asien wurde sie schon früh zur Gewinnung von Lampenöl genutzt. Bei uns wurde die Pflanze im 13. Jahrhundert als Nutzpflanze bekannt. Mit der Entwicklung von Dampfmaschinen nahm der Anbau von Raps sehr zu. Man hatte nämlich entdeckt, dass Rapsöl an Metalloberflächen als Schmiermittel besonders gut haftet.

In den letzten zehn Jahren trat ein wichtiger Wandel in der Verwendung ein. Durch die moderne Forschung ist es gelungen, neue Rapssorten (Doppel-Null-Raps) zu züchten, deren Öl auch für die menschliche Ernährung verwendet werden kann. Es findet vor allem bei der Margarine-Herstellung Verwendung. Da infolgedessen der Anbau in den letzten Jahren stark zugenommen hat, sieht man im Frühjahr sehr häufig die weithin gelb leuchtenden Felder. Imker fahren gern ihre Bienenstöcke in die Nähe solcher Felder und erzielen dadurch eine reiche Ernte an Rapshonig. Der Landwirt begrüßt dies, denn dadurch wird die Bestäubung der Blüten gefördert.

Raps wird heutzutage in der Regel mit Mähdreschern geerntet. Die ausgedroschenen Samen werden in Ölmühlen ausgepresst. Der Rückstand ist ein wertvolles eiweißreiches Viehfutter. Aber auch als Grünfutter wird Raps vom Landwirt verwendet.

Literatur und Abbildungsnachweis:
SCHWIND 1992; Abb.: Archiv der Autoren

Rotbuche

Habt ihr euch einmal gefragt, von welchen Bäumen wir das Holz für unsere Möbel bekommen? - Seht euch um: Die meisten Tische und Stühle, auch viele Betten und Schränke sind aus Holz. Man kann sich kaum vorstellen, wie es wäre, wenn wir kein Holz hätten. Heute können wir vieles aus Plastik herstellen. Früher gab es das aber noch nicht. Deshalb war Holz für die Menschen damals noch wichtiger als heute.

Bei uns wachsen viele verschiedene Bäume, deren Holz verarbeitet werden kann. Einer davon ist die Rotbuche. Viele Leute nennen sie auch einfach "Buche". Das ist aber falsch, weil es außer der Rotbuche noch andere Buchen gibt, z.B. die Weißbuche. Das Holz der Rotbuche ist hart und schwer. Es wird z.B. für Eisenbahnschwellen, Fässer und Möbel verwendet. Außerdem nutzt man es als Bau- und Brennholz. Wenn man genau hinsieht, schimmert dieses Holz etwas rötlich. Deshalb trägt der Baum den Namen Rotbuche.

Die Rotbuche kann große Wälder bilden. Der Einzelbaum darin wird oft höher als ein Kirchturm! Im Frühling und im Sommer ist es im Buchenwald schattig und angenehm kühl. Das kommt durch das dichte, grüne Blätterdach, das die Rotbuche in dieser Zeit besitzt. Die Rotbuchenblätter sind fast eiförmig und haben einen leicht welligen Rand. Im Herbst werden sie gelb-rot.

In dieser Jahreszeit trägt der Baum auch Früchte, die Bucheckern. Immer zu zweit sind diese in eine braune Schale, die außen weiche Stacheln hat, gehüllt. Wenn die Früchte reif sind, springt die Schale auf, und die braunen, dreikantigen Bucheckern fallen heraus. Für viele Tiere, z.B. Eichhörnchen und Eichelhäher, sind sie eine wichtige Nahrung. Auch Schweine und Hühner fressen sie. Früher wurde aus Bucheckern Speiseöl hergestellt.

Im Winter ist die Rotbuche kahl. Blätter und Bucheckern sind abgefallen. Woran kann man sie jetzt erkennen? Wenn ihr einen Baum mit hellgrauer Rinde seht, geht einmal hin und betastet sie! Fühlt sie sich glatt an, ist der Baum wahrscheinlich eine Rotbuche.

Rotbuchen können viel länger leben als wir: Die meisten werden 150 Jahre alt. Das Höchstalter liegt sogar bei 300 Jahren! Ein so hohes Alter werden aber leider immer weniger Rotbuchen erreichen. Heute sind viele dieser Bäume krank und sterben darum schon früh ab. Wenn das so weitergeht, gibt es vielleicht bald gar keine Wälder mehr. Dann können wir auch nicht mehr im schattigen, kühlen Rotbuchen-wald spazierengehen.

Rotbuche

1. Es ist falsch, die Rotbuche nur Buche zu nennen. Schreibe den Grund auf!

_____

_____

2. Rechts auf der Zeichnung siehst du ein Rotbuchenblatt.
    a)   Welche Farbe hat es im Frühling?

_____

    b)   Welche Farbe hat es im Herbst?

_____

3. Bei den folgenden Fragen ist von vier möglichen Antworten immer nur eine richtig.
    Kreuze diese an! Hinter dieser Antwort steht eine Zahl.

    a) Wie ist die Rinde der Rotbuche?

    ☐ Glatt und schwarz   (1)   ☐ Glatt und hellgrau (2)

    ☐ Rauh und schwarz   (3)   ☐ Rauh und hellgrau   (4)

    b) Wie alt kann die Rotbuche höchstens werden?

    ☐   100 Jahre   (5)   ☐ 150 Jahre (6)

    ☐   250 Jahre   (7)   ☐ 300 Jahre (8)

    c) Wie heißen die Früchte der Rotbuche?

    ☐ Buchern   (9)   ☐ Bucheckern   (10)

    ☐ Buchenbeeren   (11)   ☐ Buchecken   (12)

    d) Was wurde früher aus den Früchten der Rotbuche hergestellt?

    ☐   Speiseöl   (13)   ☐ Tee   (14)

    ☐   Gemüse   (15)   ☐ Brot   (16)

Rotbuche

<u>Schüler-Arbeitsblatt</u>

1. Es ist falsch, die Rotbuche nur Buche zu nennen. Schreibe den Grund auf!

   Es gibt noch andere Buchen(arten), z. B. die Weißbuche.

   Deshalb muss man jeder Buche(-nart) einen genauen Namen geben.

2. Rechts auf der Zeichnung siehst du ein Rotbuchenblatt.
   a) Welche Farbe hat es im Frühling?
   grün_____.

   b) Welche Farbe hat es im Herbst?
   gelb-rot_____.

3. Bei den folgenden Fragen ist von vier möglichen Antworten immer nur eine richtig.
   Kreuze diese an! Hinter dieser Antwort steht eine Zahl.!

   a) Wie ist die Rinde der Rotbuche?

☐ Glatt und schwarz (1)	☑ Glatt und hellgrau (2)
☐ Rauh und schwarz (3)	☐ Rauh und hellgrau (4)

   b) Wie alt kann die Rotbuche höchstens werden?

☐ 100 Jahre (5)	☐ 150 Jahre (6)
☐ 250 Jahre (7)	☑ 300 Jahre (8)

   c) Wie heißen die Früchte der Rotbuche?

☐ Buchern (9)	☑ Bucheckern (10)
☐ Buchenbeeren (11)	☐ Buchecken (12)

   d) Was wurde früher aus den Früchten der Rotbuche hergestellt?

☑ Speiseöl (13)	☐ Tee (14)
☐ Gemüse (15)	☐ Brot (16)

<u>Lehrerinformation</u>

Die Rotbuche (Fagus sylvatica) gehört zur Familie der Buchengewächse (Fagaceae). Im deutschen Laubwald ist sie der häufigste Baum, zudem der wichtigste Forstbaum. Außerhalb des Waldes ist die Rotbuche als Parkbaum geschätzt.

In Europa gibt es für die Rotbuche zwei optimale Verbreitungsgebiete:

1. das mittlere Frankreich bis ins westdeutsche Hügel- und Bergland mit Ausstrahlungen nach Norden (Harz, Dänemark, Schweden, Ostpreußen) und Osten (Steigerwald, Bayerischer Wald),
2. die südlichen Gebirge (Karpaten, Bosnien, Apennin); in den Alpen und Karpaten wächst sie bis zu einer Höhe von 1200 Metern, in Krüppelform bis 1600 Meter.

Ein mineralhaltiger, humusreicher und lockerer Boden ist für die Rotbuche günstig. Der Baum braucht nur wenig Licht sowie ein mittleres Maß an Wärme, Tiefgründigkeit, Boden- und Luftfeuchtigkeit.

Die Rotbuche kann bis zu 40 Meter hoch werden. Sie besitzt eine dichtästige, hochgewölbte Krone, die im Frühling und im Sommer ein dichtes, Schatten und Kühle spendendes Blätterdach ausbildet. Der schlanke Stamm der Rotbuche ist im Freistand kurz und tief beastet, im Wald bis hoch hinauf astlos. Die Rinde ist hellgrau und bis ins hohe Alter glatt.

Die Bewurzelung ist weitreichend und flach. Anfangs besitzt der Baum eine einfache Pfahlwurzel, später ein dichtes, tellerförmiges Wurzelsystem.

Aus spitzen, rotbraunen Winterknospen brechen Ende April die wechselständig angeordneten, gestielten Blätter hervor. Anfangs sind sie lichtgrün, seidig, behaart und faltig. Später werden sie sechs bis zehn Zentimeter lang, dunkelgrün glänzend und glatt, spitz-eiförmig oder am Grunde keilig und ganzrandig-wellig. Der Blattrand ist leicht gewimpert. Im Herbst verfärben sich die Blätter gelb-rot, bevor sie schließlich abfallen und am Boden eine dicke Laubschicht bilden.

Eine mindestens 40 Jahre alte Rotbuche blüht im April/Mai. Sie ist einhäusig, d.h. männliche und weibliche Blüten sind getrennt, wachsen aber auf derselben Rotbuche. Die männlichen Kätzchen bilden langgestielte (bis fünf Zentimeter), hängende, vielblütige rote Knäuel. Die kurzgestielten weiblichen Kätzchen sind immer zu zweit in einem aufrechtstehenden, weichstacheligen Becher eingeschlossen. Die Rotbuche ist ein Windblütler.

Der bis zur Reifezeit (September/Oktober) verholzte Becher springt vierklapprig auf. Er beinhaltet zwei scharf dreikantige, ein bis zwei Zentimeter lange, braune Nüsse, die Bucheckern. Diese enthalten gefaltete, ölreiche Keimblätter, aus denen früher Speiseöl gewonnen wurde. Die Bucheckern sind eine Nahrungsquelle für viele Tierarten, besonders Vogelarten. Früher wurden sie auch als Schweine- und Hühnerfutter verwandt.

Im Herbst ausgefallene oder gesäte Bucheckern keimen im April/Mai. Die Keimpflanzen besitzen zunächst zwei große, halbkreisförmige, dicke Keimblätter, die oberseits glänzend und dunkelgrün, unterseits weißlich sind. Nachdem sich im Juli ein zweites Blattpaar entfaltet hat, fallen die Keimblätter ab.

Der Name Rotbuche steht im Gegensatz zur Weiß- oder Hainbuche und beschreibt die Färbung des Holzes. Das Holz der Rotbuche ist schwer, hart und gut spaltbar. Es wird z.B. zur Herstellung von Eisenbahnschwellen, Parkettstäben, Fässern und Möbeln verwandt. Außerdem eignet es sich als Bau- und Brennholz. - Alte Rotbuchen (etwa ab 150 Jahren) weisen meist Naturhöhlen und Totholz auf. Sie bieten damit Lebensmöglichkeiten für viele andere Tierarten.

Literatur- und Abbildungsnachweis:

EWALD/VENZL 1973; HUMPHRIES u.a. 1982; Abb.: Archiv der Autoren

Scharbockskraut

In der Zeit, als es noch keine Motorschiffe gab, sondern nur Segelschiffe, waren die Seefahrer oft monatelang auf hoher See. Da kam es häufig vor, dass die Matrosen von einer seltsamen Krankheit befallen wurden. Sie bekamen Zahnfleischbluten und Zahnausfall, manchmal sogar Magen-, Darm- und Hautblutungen. Sie wurden schwach und arbeitsunfähig. Die Holländer nannten diese Krankheit Scheurbeck, das heißt so viel wie wunder Mund. Später wurde daraus das Wort Skorbut.

Erst wenn sie wieder an Land waren und frisches Obst und Gemüse aßen, wurden sie allmählich wieder gesund. Und ganz besonders gut half ein Kraut, das auch bei uns im Frühjahr an vielen Stellen im Laubwald zu finden ist. Weil es so gut gegen Skorbut hilft, heißt es Scharbockskraut; aus dem Wort Skorbut wurde nämlich allmählich Scharbock.

Und wisst ihr, warum gerade diese Pflanze so gut half? Weil sie viel Vitamin C enthält. Heute weiß man, warum die Seeleute krank wurden: Sie hatten noch keine Kühlschränke auf ihren Schiffen. Deshalb hatten sie bald kein frisches Gemüse und Obst mehr. In den eingesalzenen oder getrockneten Nahrungsmitteln war kein Vitamin C.

Das Scharbockskraut ist aber auch sonst eine ganz besondere Pflanze. Wir finden es hauptsächlich im Laubwald. Dort blüht es schon ganz früh im März und April. Das muss es auch, denn im Mai bekommen die Bäume ihre Blätter. Dann kommt nur noch wenig Licht auf den Waldboden. Damit das Scharbockskraut so früh im Jahr schnell wachsen kann, hat es sich schon im Vorjahr Nährstoffspeicher angelegt. Dazu dienen ihm kleine Wurzelknöllchen, in denen Stärke enthalten ist. Die kann es zum Wachsen nutzen. Wenn es auf Nährsalze aus dem Boden angewiesen wäre, würde das viel zu lange dauern.

Häufig ist es im Frühjahr noch ziemlich kalt. Da kann es sein, dass noch keine Insekten fliegen, die die Pflanze zur Bestäubung der Blüten benötigt. Und wenn die Pflanze keine Samen bildet, müsste sie allmählich aussterben. Aber sie hat zwei Einrichtungen, die das verhindern. Zum einen können die Wurzelknöllchen leicht abreißen. Jedes bildet eine neue Pflanze. Zum anderen entstehen in den Blattachseln kleine Brutknospen, die später abfallen und neue Pflanzen bilden. Deshalb wächst das Scharbockskraut auch immer in dichten Rasen. Eine solche Vermehrung nennt man ungeschlechtliche Vermehrung.

Scharbockskraut

Schüler-Arbeitsblatt

Der Name **Scharbock** bedeutet so viel wie **Skorbut.**

Skorbut ist eine Krankheit, die früher häufig bei Seeleuten auftrat:

Auswirkungen: _____

_____

Ursache: _____

Die Blätter des Scharbockskrautes lassen sich zu einem schmackhaften vitaminreichen Salat anrichten.

Das Scharbockskraut ist ein _____.

Blühzeit: _____   Blütenfarbe: _____

Vorkommen: _____   Blätter: _____

Es blüht so früh, weil _____.

Es kann so früh blühen, weil

_____

_____.

Im Frühling ist es oft noch kalt, so
dass keine Insekten fliegen, die die
Blüten bestäuben könnten. Es
vermehrt sich aber nicht nur über
Samen, sondern auch

_____

_____

_____

Eine solche Vermehrung nennt man

_____.

Scharbockskraut

<u>Schüler-Arbeitsblatt</u>

Der Name **Scharbock** bedeutet so viel wie **Skorbut.**

Skorbut ist eine Krankheit, die früher häufig bei Seeleuten auftrat:

Auswirkungen: *Zahnfleischbluten, Zahnausfall, Darmbluten, Schwäche,*

                               Arbeitsunfähigkeit

Ursache: *Mangel an Vitamin C*

Die Blätter des Scharbockskrautes lassen sich zu einem schmackhaften vitaminreichen Salat anrichten.

Das Scharbockskraut ist ein   *Frühblüher.*

Blühzeit: *März/April*   Blütenfarbe: *gelb*

Vorkommen: *Laubwald*   Blätter: *nierenförmig*

Es blüht so früh, weil *dann noch genügend Licht auf den Waldboden fällt.*

Es kann so früh blühen, weil *es Wurzelknöllchen besitzt, in denen es Stärke speichert.*

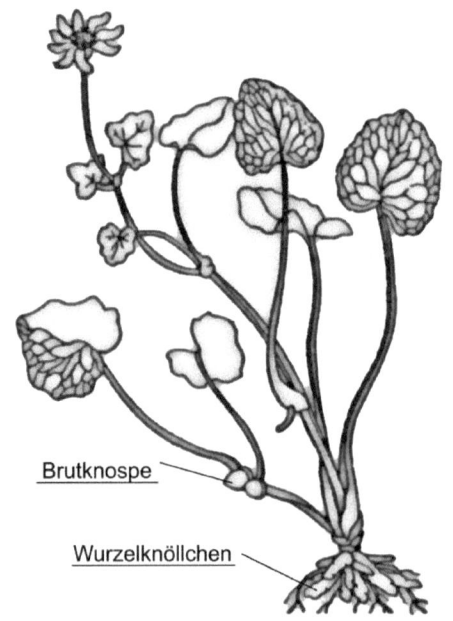

Im Frühling ist es oft noch kalt, sodass keine Insekten fliegen, die die Blüten bestäuben könnten. Es vermehrt sich aber nicht nur über Samen, sondern auch *durch Abreißen der Wurzelknöllchen und durch Brutknospen.*

Eine solche Vermehrung nennt man *ungeschlechtliche Vermehrung.*

Brutknospe

Wurzelknöllchen

Lehrerinformation

Das Frühlings-Scharbockskraut (Ranunculus ficaria) gehört zur Familie der Hahnen-fußgewächse (Ranunculaceae). Es ist neben Buschwindröschen und Lerchensporn eine der häufigsten Arten der Frühblüher unserer Laubwälder.

Es nutzt die Zeit des reichen Lichtangebots im Laubwald, bevor die Bäume belaubt sind. Günstig für das Wachstum eines Frühblühers ist die starke Aufwärmung der Laubschicht auf dem Waldboden (bis mehrere Grade über der Lufttemperatur); ungünstig dagegen ist, dass der Boden noch kalt, häufig noch gefroren ist, sodass die Aufnahme von Nährsalzen (Mineralien) erschwert ist. Die Voraussetzung für das schnelle Wachstum wird vielmehr durch Nährstoffe gewährleistet, die die Pflanze bereits im Vorjahr in spezifischen Organen gespeichert hat. Es sind dies zahlreiche Wurzelknöllchen, in denen Stärke gespeichert wird.

Ein weiteres Problem für Frühblüher besteht darin, dass bei den im Frühjahr häufig noch niederen Temperaturen nur wenige Insekten aktiv sind, die für die Bestäubung der Blüten infrage kommen. So kommt es nur selten zur Samenbildung. Als "Ausgleich" haben sich beim Scharbockskraut zwei Formen der vegetativen Vermehrung herausgebildet: Zum einen können die Wurzelknöllchen leicht abreißen und neue Pflanzen bilden. Wichtiger aber ist die Bildung von Brutknospen (sog. Bulbillen) in den Achseln der unteren Blätter, die später abfallen und ebenfalls zu neuen Pflanzen heranwachsen. Da sie auf der Erdoberfläche liegen, können sie - besonders in Hanglagen - leicht vom Regenwasser fortgespült werden; auf diese Weise wird die Art verbreitet.

Der Name Scharbock ist eine Verballhornung von Skorbut, einer Vitamin C-Mangel-krankheit; Skorbut wiederum leitet sich ab vom holländischen Scheurbeck, zu Deutsch "wunder Mund". Unter Skorbut litten früher vor allem Seefahrer, weil sie auf ihren wochen- oder gar monatelangen Fahrten keine frische Nahrung wie Obst oder Gemüse zur Verfügung hatten. Sie wurden krank und bekamen vor allem Zahn-fleischbluten und Zahnausfall, im fortgeschrittenen Stadium auch Darmbluten, was zu allgemeiner Schwäche und Arbeitsunfähigkeit führte. Schließlich fand man ein Kraut, das die Krankheit heilen konnte. Die vitaminreichen Blätter halfen dem Kranken, wieder gesund zu werden. Deshalb nannte man das Kraut nach dieser Krankheit: Scharbockskraut. (In der modernen Ernährungsforschung hat man erkannt, dass die Bedeutung des Vitamin C nicht nur in der Verhinderung von Skorbut liegt, sondern dass ihm viele weitere wichtige Funktionen in der Gesunderhaltung des Körpers zukommen, z.B.: Prophylaxe gegen Erkältungskrankheiten, Beschleunigung der Wundheilung).

Die Blätter sind als Beimischung zu Spinat und Salat geeignet; größere Mengen können allerdings zu Vergiftungen führen. Die Blütenknospen können in Essig eingelegt als Kapernersatz Verwendung finden; auch die Bulbillen sind in Salz und Essig eingelegt essbar (DÜLL/KUTZELNIGG 1992).

Literatur- und Abbildungsnachweis:

BÄSSLER 1963; DÜLL/KUTZELNIGG 1992; PODLECH 1988; Abb.: Archiv der Autoren

Duftende Schlüsselblume

Lehrererzählung

Wenn ihr im Frühjahr draußen spazieren geht, werdet ihr auf manchen Wiesen oder an Gebüschen eine gelbe Blume finden. Sie heißt Duftende Schlüsselblume.

Ich konnte euch diese Pflanze nicht mitbringen, denn sie steht unter Naturschutz. Viele Leute freuen sich im Frühjahr über diese schönen Pflanzen. Deshalb möchten sie gern einen Strauß mit nach Hause nehmen. Wenn das aber viele Leute tun, leidet die Art sehr darunter und wird immer seltener. Deshalb ist sie unter Schutz gestellt worden.

Wer zu ihrem Schutz beitragen will, muss wissen, woran er die Duftende Schlüsselblume erkennt: Sie trägt dicht am Boden einen Ring von Blättern, das nennt man eine Rosette. Am Stängel befinden sich dagegen keine Blätter. Die gelben Blütenblätter sind unten zu einer Röhre verwachsen, oben sind sie getrennt und bilden eine kleine Glocke. Auf jedem Zipfel leuchtet ein roter Fleck, der Hummeln und Schmetterlinge anlockt. Die stecken dann ihren langen Rüssel in die Röhre und saugen den Nektar auf, der ganz unten in der Blüte ist. Dabei streifen sie auch an den Staubbeuteln vorbei und bepudern sich mit Blütenstaub, dem sogenannten Pollen. Wenn die Insekten dann eine andere Schlüsselblume besuchen, bleibt etwas von dem Pollen an der Narbe hängen. So sorgen Hummeln und Schmetterlinge für die Bestäubung der Schlüsselblumen.

Ein besonderes Merkmal der Duftenden Schlüsselblume ist ihr angenehmer Duft. Das unterscheidet sie von anderen Schlüsselblumen, die ganz ähnlich aussehen. Wenn ihr das nächste Mal auf einer Wiese diese Blumen findet, solltet ihr einmal daran riechen.

Sicher wundert ihr euch, was denn die Schlüsselblume mit einem Schlüssel zu tun hat. Das können wir heute nicht mehr verstehen. Aber früher gab es an Schränken und Truhen Schlösser, für die brauchte man Schlüssel, die so ähnlich aussahen, wie die Blüte der Schlüsselblume.

Weil die Schlüsselblume so früh blüht, sagt man auch, sie öffne im Frühjahr den Blumen-Himmel. In manchen Gegenden heißt sie deshalb auch Himmelsschlüssel.

Duftende Schlüsselblume

Schüler-Arbeitsblatt

Die Duftende Schlüsselblume ist eine **geschützte Pflanze.** Auch wir sollten dazu beitragen, dass sie nicht immer seltener wird. Deshalb sollten wir sie nicht abpflücken.

An folgenden Merkmalen können wir die Duftende Schlüsselblume von verwandten Schlüsselblumen unterscheiden:

Die Blüten sind _____.

Auf jedem Blütenblatt befindet sich _____.

Wenn man an ihr riecht, empfindet man _____.

Sie wächst _____.

Erkläre, was eine Rosette ist:

_____.

Die Schlüsselblume wird vor allem von _____ und _____ bestäubt.

Was weißt du über den Namen der Schlüsselblume?

_____

_____

_____.

Duftende Schlüsselblume

Schüler-Arbeitsblatt

Die Duftende Schlüsselblume ist eine **geschützte Pflanze.** Auch wir sollten dazu beitragen, dass sie nicht immer seltener wird. Deshalb sollten wir sie nicht abpflücken.

An folgenden Merkmalen können wir die Duftende Schlüsselblume von verwandten Schlüsselblumen unterscheiden:

Die Blüten sind *dottergelb.*

Auf jedem Blütenblatt befindet sich *ein roter Fleck.*

Wenn man an ihr riecht, empfindet man *einen angenehmen Duft.*

Sie wächst *auf Wiesen, im Gebüsch, am Waldrand.*

Erkläre, was eine Rosette ist:

Bei einer Rosette sitzen viele Blätter in einem Ring dicht am Boden.

Die Schlüsselblume wird vor allem von *Hummeln* und *Schmetterlingen* bestäubt.

Was weißt du über den Namen der Schlüsselblume?

Früher gab es Schlüssel, die der Blüte der Schlüsselblume ähnlich sahen. Die Schlüsselblume blüht sehr früh; man sagt, sie schließe im Frühjahr den Blumen-Himmel auf.

<u>Lehrerinformation</u>

Die Duftende Schlüsselblume (auch Wiesen-Schlüsselblume; Primula veris) gehört zur Familie der Schlüsselblumengewächse (Primulaceae).

Sie blüht bereits im April/Mai auf Wiesen, im Gebüsch und an Waldrändern. Mehrere röhren- bis glockenförmige dottergelbe Blüten werden von einem blattlosen Stängel getragen. Jedes der fünf im unteren Teil verwachsenen Blütenblätter zeigt am Schlund einen roten Fleck. Dies sind Saftmale, die auf blütenbesuchende Insekten attraktiv wirken. Die Blätter bilden am Grunde des Stängels eine Rosette; sie sind länglich oval und leicht runzelig und auf ihrer Oberfläche locker behaart.

Wegen ihrer schönen Blüten und des angenehmen Duftes werden diese Pflanzen von vielen Leuten gepflückt. Die Art steht aber unter Naturschutz; ein Grund, sie schon frühzeitig den Schülern bekannt zu machen.

Wie alle Frühblüher sorgt die Schlüsselblume schon im Vorjahr für einen Nährstoffvorrat, mit dessen Hilfe sie im Frühjahr schnell heranwachsen kann. Als Nährstoffspeicher besitzt sie einen sogenannten Erdspross (Rhizom). Dies ist ein Sprossabschnitt, der meistens waagerecht flach unter der Erdoberfläche wächst, bei der Schlüsselblume jedoch ziemlich senkrecht steht.

Eine Besonderheit der Duftenden Schlüsselblume ist ihr Bestäubungsmechanismus. Es lassen sich nämlich zwei Blütentypen unterscheiden: Es gibt Pflanzen, deren Blüten fünf hochsitzende Staubbeutel und einen kurzen Griffel besitzen, und andere, deren Blüten fünf tiefsitzende Staubbeutel und einen langen Griffel besitzen.

Hummeln und Schmetterlinge, die die Blüten besuchen, um dort Nektar zu sammeln - nur diese langrüsseligen Insekten können den Nektar erreichen - bepudern sich je nach Lage der Staubbeutel am Kopf oder am Rüssel mit Blütenstaub (Pollen). Entsprechend übertragen sie den Pollen vom Kopf vorwiegend auf die Narbe langgriffeliger Blüten und den vom Rüssel auf die Narbe kurzgriffeliger Blüten. Und auch nur dort kann der Pollen jeweils austreiben, denn auf der "falschen" Narbe wird das Auswachsen gehemmt. Die Narben der kurzgriffeligen Blüten sind mit kurzen Papillen besetzt, zwischen denen nur die feinen Pollen der langgriffeligen Blüten austreiben können. Umgekehrt sind die Narben der langgriffeligen Blüten mit langen Papillen besetzt; zwischen ihnen können nur die groben Pollen der kurzgriffeligen Blüten austreiben. So wird erreicht, dass es bei der Befruchtung (Verschmelzung von Pollenkern und Eizellenkern) stets zur Mischung von Erbgut verschiedener Pflanzen kommt. Die Schlüsselblume ist also selbststeril, mit ein Grund für ihre Gefährdung (DÜLL/KUTZELNIGG 1992).

Für den Namen "Schlüsselblume" gibt es mehrere Erklärungen:

– Die Einzelblüte hat eine ähnliche Form wie die Schlüssel, die früher zum Verschließen alter Truhenschlösser verwendet wurden. Diese waren hohl und hatten innen einen Dorn. Wenn man die Blütenblattröhre aus dem Kelch herauszupft, ist die Ähnlichkeit noch besser zu sehen.

– Da sie zu den ersten Frühblühern gehört (ihr lateinische Name "Primula" bedeutet Erstling), betrachtete man sie symbolisch als Schlüssel, der im Frühling den Blumenhimmel aufschließt. In manchen Gegenden wird sie auch Himmelsschlüssel genannt.

– Nach einer Blumensage heißt es: Der heilige Petrus ließ seine goldenen Schlüssel vom Himmel auf die Erde fallen. Ein Engel holte sie wieder herauf. Aber die Schlüssel ließen einen Abdruck zurück, und an dieser Stelle kam die Schlüsselblume heraus (nach WILLI 1956: 102).

Literatur- und Abbildungsnachweis:

EWALD/VENZL 1972; GRAF 1975; DÜLL/KUTZELNIGG 1992; PODLECH 1988; Abb.: Archiv der Autoren

Großes Springkraut

Wenn ihr im Juli oder August im Wald spazierengeht, könnt ihr am Wegrand oder an Gräben eine ganz besondere Pflanze finden. Es ist das Springkraut, das nur dort wachsen kann, wo viel Schatten ist. Wenn es zuviel Sonne bekommt, lässt es bald die Blätter hängen.

Ihr könnt es schon von weitem an seinen auffälligen goldgelben Blüten erkennen. Ihre leuchtende Farbe lockt Hummeln an, die dann auf der Suche nach Nektar ihren langen Rüssel tief ins Innere der Blüte stecken. Damit sie den süßen Saft auch sicher finden, hat das Springkraut ihnen kleine Wegweiser gezeichnet: die roten Punkte auf der Innenseite der Blütenblätter. Die Pflanze produziert den Nektar aber nicht ganz uneigennützig, denn beim Saugen streifen die Tiere an den Staubbeuteln vorbei und bepudern sich so mit Pollen. Wenn sie nun die nächste Blüte besuchen, bleibt etwas davon an der Narbe hängen. Die Hummeln sorgen so für die Bestäubung des Springkrauts. Den Nektar bewahrt die Pflanze übrigens in ihrem Sporn auf. Dies ist das gekrümmte, tütenförmige Anhängsel am hinteren Teil der Blüte, das bis zu 3 cm groß werden kann.

Aus den Blüten entstehen schließlich Früchte. Wichtig ist es, dass die Samen auch verbreitet werden. Dafür haben die verschiedenen Pflanzen ganz unterschiedliche, oft erstaunliche Einrichtungen. So stattet der Löwenzahn beispielsweise seine Samen mit kleinen Schirmchen aus, die der Wind davonträgt. Der Holunder bettet sie in wohlschmeckende Beeren ein, die dann von Vögeln gefressen werden. Die Samen gelangen hier mit dem Kot ins Freie. Das **Spring**kraut aber hat noch einen ganz anderen Weg gefunden: Wenn ihr die Früchte nur leicht berührt, **springen** sie auf und schleudern ihre Samen fort. Das ist deshalb so, weil sie bis zur Reife viel Wasser aufnehmen. Sie werden dadurch ganz prall und stehen unter großer Spannung. Bereits ein leichter Windstoß oder ein vorbeistreifendes Tier genügen, um sie jetzt zum Platzen zu bringen. Sie öffnen sich dann an fünf vorgegebenen "Nähten", die ihr bereits an den unreifen Früchten als dunkle Streifen erkennen könnt. Die Samen werden auf diese Weise bis zu 4 m weit geschleudert. Aufgrund ihrer harten Schale nehmen sie dabei nicht den geringsten Schaden. Und wenn sie dann auf geeignetem, vor allem schattigen Boden landen, wachsen sie im nächsten Jahr zu einer neuen Pflanze heran.

Großes Springkraut

<u>Schüler-Arbeitsblatt</u>

Das Große Springkraut kannst du leicht an seinen Blüten erkennen!

_____.

_____.

_____.

Man findet das Große Springkraut nur

an _____, zum

Beispiel _____. Es blüht in den

Monaten _____.

Besonders spannend ist es, wenn die Früchte reif geworden sind. Auf den folgenden Abbildungen siehst du, wie die Pflanze ihre Samen verbreitet. Schreibe es auf die Linien unter den Abbildungen.

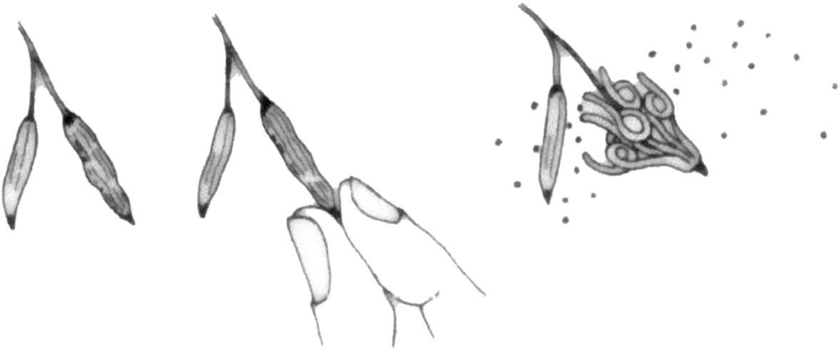

Großes Springkraut

Schüler-Arbeitsblatt

Das Große Springkraut kannst du leicht an seinen Blüten erkennen!

Sie sind leuchtend gelb und besitzen einen langen Sporn. Sie hängen an dünnen Stielchen.

Man findet das Große Springkraut nur an *schattigen Stellen*, zum Beispiel *im Wald.* Es blüht in den Monaten *Juli und August.*

Besonders spannend ist es, wenn die Früchte reif geworden sind. Auf den folgenden Abbildungen siehst du, wie die Pflanze ihre Samen verbreitet. Schreibe es auf die

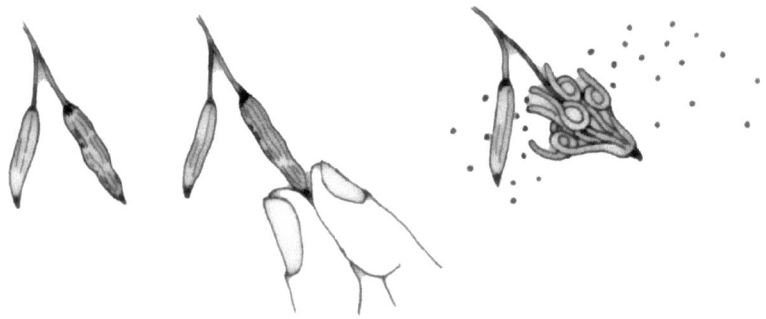

Linien unter den Abbildungen.

Wenn man die reife Frucht berührt, platzt sie plötzlich auf. Dabei fliegen die schwarzen Samen weit fort. Das passiert, weil die Frucht vorher unter hoher Spannung steht.

Lehrerinformation

Das Große Springkraut (auch: Echtes Springkraut oder Wald-Springkraut; Impatiens noli-tangere) gehört zur Familie der Balsaminengewächse (Balsaminaceae). Es bildet häufig größere Bestände an sonnengeschützten Plätzen in feuchten Wäldern, an Gräben und auf Quellfluren. Als ausgesprochene Schattenpflanze kommt es mit sehr wenig Sonnenlicht aus. Die grobgesägten, eiförmigen Blätter sind daher entsprechend dünn und großflächig; sie enthalten viel Chlorophyll. Dem prallen Sonnenlicht ausgesetzt, verliert das Springkraut aufgrund erhöhter Transpiration mehr Wasser als es aufnehmen kann, wird welk und vertrocknet schließlich.

Von Juli bis August kann man die goldgelben Blüten bewundern. Sie hängen am Ende langer, dünner Stiele und können eine Länge von gut 3 cm erreichen. Jede ist mit einem nach vorne gekrümmten Sporn versehen. Er enthält den Nektar. Rote Punkte auf der Innenseite der Blüten weisen bestäubenden Hummeln den Weg zu diesem begehrten Saft. Beim Sammeln des Nektars bepudern sich die Tiere mit Blütenstaub (Pollen), den sie dann auf die Narbe einer anderen Blüte übertragen. Um hier eine Selbstbestäubung auszuschließen, reifen zunächst die Staubbeutel. Sie fallen dann, noch bevor die Narbe sich entfaltet, als Ganzes ab. Das ist aber nur eine von zwei Formen der Bestäubung beim Echten Springkraut. Anders sieht es nämlich mit den kleinen, unscheinbaren Blüten aus, die jede Pflanze neben den großen Blüten ausbildet. Sie bleiben geschlossen und werden somit nicht von Insekten besucht. Das ist auch unnötig, da Staubgefäße und Griffel hier gemeinsam reif werden. Blüteneigener Pollen fällt hier direkt auf die Narbe; es findet also Selbstbestäubung statt. Man kann dies als Notlösung verstehen, dann nämlich, wenn die großen Blüten etwa aus klimatischen Gründen nicht von Insekten bestäubt wurden.

Eine Besonderheit der Pflanze ist auch ihr gut zu beobachtender Verbreitungsmechanismus: Fünf miteinander verwachsene Fruchtblätter bilden eine Kapsel, welche die Samen bis zur Reife schützt. Während dieser Zeit nimmt sie viel Wasser auf. Schließlich steht die Kapsel unter so starker Gewebsspannung, dass sie bei der kleinsten Berührung, sei es durch ein vom Wind bewegtes Blatt oder ein vorbeistreifendes Tier, aufspringt. Die Fruchtblätter reißen auseinander und rollen sich uhrfederartig zusammen. Die schwarzen Samen werden blitzschnell herausgeschleudert. Sie fliegen dabei bis zu vier Meter weit. Diese Art der Verbreitung gibt dem Echten Springkraut die Möglichkeit, große Flächen zu bedecken.

Sowohl der lateinische Name - impatiens = empfindlich; noli tangere = rühre nicht an - als auch der deutsche - "Spring"kraut - weisen auf diesen interessanten Verbreitungsmechanismus der Pflanze hin.

Literatur- und Abbildungsnachweis:

BERTSCH 1975; DÜLL/KUTZELNIGG 1992; KUGLER 1970; Abb.: Archiv der Autoren

Tollkirsche

Lehrererzählung

An schattigen Stellen im Wald wächst häufig eine Pflanze, die einen merkwürdigen Namen hat. Sie heißt Schwarze Tollkirsche. Die Pflanze wird so groß wie ihr jetzt seid. Sie hat große weiche Blätter und bekommt nach der Blüte glänzende schwarze Beeren, die so groß sind wie Kirschen. Diese Pflanze hatte zu der Zeit, als man noch an Hexen glaubte, große Bedeutung. Mit dem Saft der Beeren rieben sich nämlich die "Hexen" ein und führten dann Hexentänze auf.

Die Erklärung für dieses Verhalten ist ganz einfach. Die Schwarze Tollkirsche enthält ein Gift. In kleiner Menge führt es zu Verwirrung und großem Bewegungsbedürfnis. Es macht "toll". Deshalb heißt die Pflanze Tollkirsche. Ihr solltet das aber nicht ausprobieren, denn die Pflanze ist sehr giftig.

Besonders gefährlich sind die schwarzglänzenden Früchte, weil man sie mit kleinen Kirschen verwechseln kann. Für Kinder können schon 2-5 Früchte tödlich sein.

Wer von euch eine Brille trägt, hat sicher auch schon einmal mit dieser Pflanze zu tun gehabt. Der Augenarzt verwendet nämlich Tropfen, die er dem Patienten ins Auge träufelt, damit die Pupillen ganz weit werden. So kann er besser in das Auge hineinschauen. Diese Tropfen enthalten das Gift der Tollkirsche, aber natürlich stark verdünnt.

Ganz stark mit Wasser verdünnt haben sich schon früher italienische Frauen Tollkirschensaft in die Augen geträufelt. Dadurch bekamen sie ganz weite Pupillen und sahen schöner aus. Deshalb heißt die Pflanze mit lateinischem Namen auch bella donna; das heißt schöne Frau. Allerdings waren die Frauen dann auch sehr empfindlich gegen Licht.

Tollkirsche

Schüler-Arbeitsblatt

Die Tollkirsche ist eine sehr _____ Pflanze.

Du kannst sie an folgenden Merkmalen erkennen: Sie wächst im Wald _____

Sie wird so groß wie ein Kind.

Sie hat _____ Blätter.

Sie blüht von _____ bis _____.

Ihre Blüten sind _____ und _____

Die Beeren sind _____

Die darfst du auf keinen Fall essen, denn sie sind _____!!

Weißt du, woher die Tollkirsche ihren Namen hat?

_____
_____
_____
_____
_____
_____
_____
_____

Tollkirsche

<u>Schüler-Arbeitsblatt</u>

Die Tollkirsche ist eine sehr *giftige* Pflanze.

Du kannst sie an folgenden Merkmalen erkennen: Sie wächst im Wald <u>*an schattigen Stellen*</u>.

Sie wird so groß wie ein Kind.

Sie hat <u>*große weiche*</u> Blätter.

Sie blüht von <u>*Juni*</u> bis <u>*September*</u>.

Ihre Blüten sind *braunrötlich* und *glockenförmig*.

Die Beeren sind <u>*glänzend schwarz*</u>.

Die darfst du auf keinen Fall essen, denn sie sind <u>*sehr giftig*</u>!!

Weißt du, woher die Tollkirsche ihren Namen hat?

<u>*Früher nahmen manche Frauen den Saft der Tollkirsche und rieben sich damit ein. Dadurch wurden sie ganz unruhig und führten Tänze auf.*</u>
<u>*Solche Frauen wurden als Hexen bezeichnet.*</u>

Lehrerinformation

Die Tollkirsche (Atropa belladonna) ist eine unserer bekanntesten einheimischen Giftpflanzen. Sie gehört zur Familie der Nachtschattengewächse (Solanaceae), zu der noch andere Giftpflanzen gehören wie Tabak, Bilsenkraut und Stechapfel. Selbst Kartoffel und Tomate, die ebenfalls zu dieser Familie gehören, sind im grünen Zustand leicht giftig.

Die bis 1,5 m hohe strauchförmige Pflanze bevorzugt stickstoffreiche, basische, oft kalkreiche Böden in schattiger Lage. Ihre glockenförmigen Blüten erscheinen im Juni/Juli. Sie werden vorwiegend von Hummeln und Bienen bestäubt. Besonders auffällig sind die schwarzen glänzenden Beerenfrüchte. Wenn man sie durchschneidet, erkennt man an der Einteilung in Kammern und der Anordnung der Samen die Verwandtschaft mit der Tomate. Die Beeren werden von Vögeln, besonders Drosseln gefressen, die somit für die Verbreitung der Samen sorgen (DÜLL/KUTZELNIGG 1992).

Die Giftigkeit der Tollkirsche beruht auf den Alkaloiden Hyoscyamin, Atropin und Skopolamin. Sie befinden sich in allen Pflanzenteilen (DÜLL/KUTZELNIGG 1992). Der Verzehr von 10-20 der leicht süßlich schmeckenden Beeren kann beim Erwachsenen zum Tod führen; bei Kindern genügen schon 2-5 Früchte. Erste Wirkungen sind rauschartige Zustände verbunden mit Schwindel, Gleichgewichtsstörungen und Verwirrung; es treten dann Durstgefühl und Brennen der Schleimhäute auf. Schließlich kommt es zu Lähmungen und zum Kollaps. In Deutschland werden jährlich etwa 6000 Erkrankungen bei Kindern durch den Genuss von Giftpflanzen registriert; die Tollkirsche hat daran einen relativ hohen Anteil.

Auf die Giftwirkung weist auch der Name Tollkirsche hin: Im Mittelalter waren die Beeren der Tollkirsche ein Hauptbestandteil von Hexensalben. Frauen, die sich damit einrieben, empfanden neben den genannten Symptomen einen ausgeprägten Bewegungsdrang, was sich in den Hexentänzen ausgedrückt haben soll; sie gebärdeten sich wie toll.

Der wissenschaftliche Name weist ebenfalls auf die Wirkung der Alkaloide hin: Der Gattungsname "Atropa" ist abgeleitet vom Namen der griechischen Schicksalsgöttin Atropos, die "todbringende Unabwendbare". Der Artname "belladonna" erinnert daran, daß sich früher im Mittelmeergebiet vornehme Frauen mit Wasser verdünnten Tollkirschensaft von ihren Zofen in die Augen träufeln ließen. Daraufhin weiteten sich die Pupillen, was den Augen einen strahlenden Glanz verlieh und die Frauen schöner erscheinen ließ.

Das Gift der Tollkirsche spielt auch heute noch eine wichtige Rolle in der Medizin. Es hilft zum Beispiel bei krampfartigen Erkrankungen des Magen-Darm-Bereichs.

Man verwendet es während der Narkosevorbereitung. Ganz wichtig ist es für Augenärzte: Sie verabreichen es zum Weiten der Pupillen, um die Augen besser untersuchen zu können.

Literatur- und Abbildungsnachweis:

BÄSSLER 1963; DÜLL/KUTZELNIGG 1992; FROHNE/PFÄNDER 1982; PODLECH 1988; Abb.: Archiv der Autoren

Wiesensalbei

Lehrererzählung

Heute will ich euch von einer Pflanze erzählen, an der man etwas Tolles beobachten kann. Die Pflanze heißt Wiesensalbei. Der Wiesensalbei hat blaue Blüten, die ähnlich aussehen wie die Blüten einer Taubnessel. Die Blüte besteht aus einer langen Röhre, die oben in zwei Lippen ausläuft.

Wenn man nun in die Röhre einen Grashalm hineinschiebt, klappen von oben zwei dünne Stielchen mit je einem gelben Kolben herunter. Wenn man den Grashalm wieder herauszieht, klappen die Stielchen mit den Kolben wieder nach oben.

Ob ihr euch wohl denken könnt, was es damit auf sich hat?

Dort wo die Pflanzen wachsen, werden die Blüten von Insekten besucht, z.B. von Hummeln. Die möchten gerne an den Nektar der Blüte, der ganz unten in der Röhre ist. Deshalb schieben sie ihren Kopf mit dem langen Rüssel in die Blütenröhre. Dabei stoßen sie an zwei kleine Platten. Wenn sie gegen diese Platten drücken, klappen die Staubbeutel - das sind die gelben Kolben - herunter und streuen Blütenstaub, auch Pollen genannt, auf den Rücken der Hummel. Wenn die Hummel genügend Nektar gesaugt hat und ihren Kopf wieder aus der Blüte zieht, klappen die Staubbeutel wieder nach oben. Ihr müsst euch das so ähnlich wie eine Schranke oder einen Schlagbaum vorstellen. Wenn man sie aufmachen will, muss man auf das kurze Ende drücken, dann geht er hoch. Beim Wiesensalbei ist es allerdings umgekehrt, die Staubbeutel klappen herunter. Beim Besuch der nächsten Hummel wiederholt sich der Vorgang. Aber nach einiger Zeit klappt das nicht mehr. Dann neigt sich allmählich ein anderes Stielchen herunter, das am Ende zwei kurze Läppchen hat. Das ist der Griffel mit der Narbe. Wenn nun eine Hummel kommt, streift sie mit ihrem Rücken, an dem Pollen hängt, an der Narbe vorbei. So überträgt sie den Pollen von einer Blüte zur anderen und sorgt dafür, dass die Blüte bestäubt wird. Das ist wichtig für die Pflanze, denn die Pollenkörner wachsen durch den Griffel in den Fruchtknoten und vereinigen sich mit den Eizellen. Erst dadurch kann die Pflanze Samen bilden und sich vermehren.

Der Wiesensalbei hat also einen richtigen Schlagbaummechanismus, mit dem er dafür sorgt, dass er durch Insekten bestäubt wird.

Der Wiesensalbei

Beschrifte die Wiesensalbeiblüte!

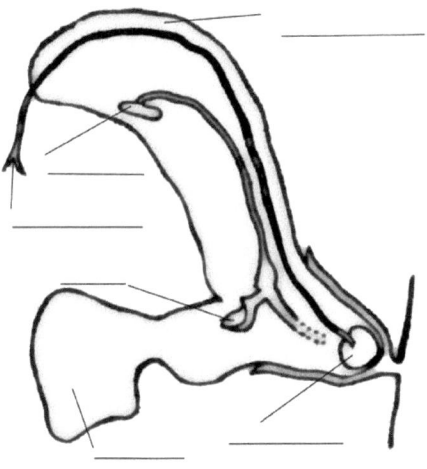

Der Wiesensalbei besitzt einen Schlagbaummechanismus.
Beschreibe was passiert, wenn eine Hummel die Blüte besucht.

1. _____

2. _____
   _____
   _____
   _____

3. _____
   _____

4. _____
   _____
   _____

5. _____
   _____

Der Wiesensalbei

Schüler-Arbeitsblatt

Beschrifte die Wiesensalbeiblüte!

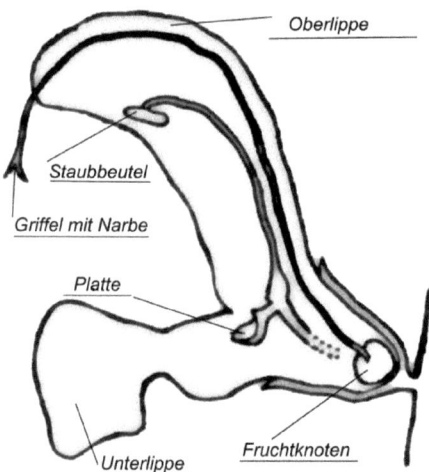
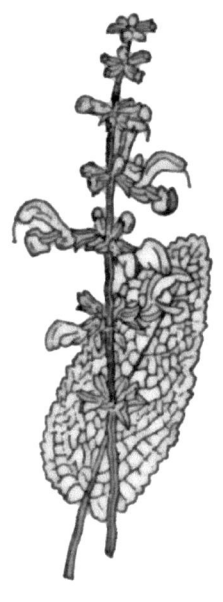

Der Wiesensalbei besitzt einen Schlagbaummechanismus.
Beschreibe was passiert, wenn eine Hummel die Blüte besucht.

1. *Die Hummel landet auf der Unterlippe.*
2. *Sie schiebt ihren Rüssel in die Blütenröhre und stößt gegen die Platte. Die Staubblätter klappen herunter und streuen Pollen auf den Hinterleib der Hummel.*
3. *Die Hummel verlässt die Blüte, der Schlagbaum geht wieder hoch.*

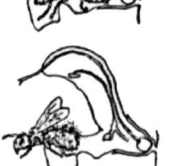

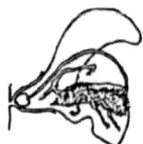

4. *Die Hummel besucht eine andere, schon ältere Blüte. Sie streift dabei den Pollen auf die Narbe.*
5. *Der Pollen wächst durch den Griffel zum Fruchtknoten. Er vereinigt sich mit Eizellen. So können Samen entstehen.*

Lehrerinformation

Der Wiesensalbei (Salvia pratensis) gehört zu den Lippenblütengewächsen (Labiatae = Lamiaceae). Man findet ihn auf Magerrasen und Halbtrockenrasen mit basenreichem Untergrund, vor allem auf kalkhaltigen Lehmböden. Da er eine bis zu einem Meter lange Pfahlwurzel besitzt, kann er auch an relativ trockenen, stark sonnenbestrahlten Hängen und Straßenrändern gut gedeihen. Seine Blühzeit dauert von Mai bis Juli.

Das Besondere an dieser Pflanze ist sein Bestäubungsmechanismus: Die blauen Blütenblätter bilden in der unteren Hälfte eine lange Röhre und spalten nach oben in eine flache Unterlippe und in eine helmförmige Oberlippe auf. In dieser Oberlippe befinden sich zwei Staubblätter (ein Unterschied zu den meisten Lippenblütlern, die vier Staubblätter besitzen) und der Griffel, der in eine zweilappige Narbe aufspaltet.

Die Staubblätter sind in der Röhre mit einem kleinen Stielchen festgewachsen und setzen sich unter diesem Stielchen in eine verbreiterte Platte fort.

Besucht ein langrüsseliges Insekt (z.B. eine Hummel) - nur solche können den Nektar am Grunde der Blütenröhre erreichen - eine Wiesensalbeiblüte und schiebt seinen Kopf in den Blütenschlund, so stößt es gegen die Platten und klappt die Staubbeutel herunter, sodass sein behaarter Hinterleib mit Blütenstaub (Pollen) be-pudert wird. Verlässt das Insekt die Blüte, klappen die Staubbeutel wieder nach oben. Sie können so mehrmals bewegt werden. Später neigt sich der Griffel infolge nachlassenden Zelldrucks herunter, sodass nun Blütenstaub vom Rücken eines anfliegenden Insekts auf die Narbe gelangt. Da sich die Narbenlappen erst spreizen, wenn die Staubblätter welken, ist Selbstbestäubung ausgeschlossen.

Mit Hilfe eines spitzen Bleistifts oder eines Grashalms lässt sich der Bestäubungsmechanismus leicht demonstrieren. Diese Art sollte deshalb nach Möglichkeit dann behandelt werden, wenn man Blüten zur Hand hat.

Die Spezialisierung des Wiesensalbeis auf langrüsselige Insekten hat für die Art große Vorteile: Hummeln und eventuell auch Bienen müssen als staatenbildende Insekten ihre Brut mit Pollen versorgen; Bienen tragen zusätzlich Nektar als Winter-vorrat ein. Hierbei gehen sie ökonomisch vor: Wenn sie eine günstige Trachtpflanze gefunden haben, besuchen sie vorwiegend diese, bis die Tracht erschöpft ist. Es ist also höchst wahrscheinlich, dass eine Hummel, die eine Wiesensalbeipflanze be-sucht, von einer anderen Pflanze der gleichen Art kommt und deren Pollen mitbringt. Umgekehrt können nur langrüsselige Insekten den Nektar erreichen, sodass diese Insekten nahezu konkurrenzlos Nutznießer des Angebotes an Nektar und Pollen sind. Man kann daher das gegenseitige Verhältnis auch als Symbiose verstehen.

Der Wiesensalbei besitzt runzlige Blätter. Dadurch und durch den Besitz von ätherischen Ölen wird die Transpiration gehemmt, was sich besonders an trockenen Standorten vorteilhaft auswirkt. Häufig wird der Wiesensalbei auch als Heilpflanze gegen Entzündungen im Mund- und Rachenraum erwähnt. Dies geht wohl eher auf eine Verwechslung mit dem aus dem Mittelmeergebiet stammenden Echten Salbei (Salvia officinalis) zurück, eine Heil- und Gewürzpflanze in Bauerngärten (DÜLL/KUTZELNIGG 1988).

Literatur- und Abbildungsnachweis:

DÜLL/KUTZELNIGG 1992; Abb.: Archiv der Autoren

Wiesenschaumkraut

Lehrererzählung

Im April und Mai könnt ihr in feuchten Wiesen zwischen dem saftigen Grün weite Flächen finden, die blass lila gefärbt sind. Dort blüht das Wiesenschaumkraut.

Bei manchen Pflanzen findet man am Stengel Schaumhäufchen. Es sieht aus, als ob jemand auf die Pflanze gespuckt hat.

In manchen Gegenden wird dieser Schaum auch Kuckucksspeichel genannt. Wenn man ihn aber näher untersucht, kann man mitten drin ein kleines gelblich-grünes Tier entdecken. Das ist die Larve eines Insekts, der Schaumzikade. Der Schaum ist ihr Nest. Er dient ihr als Schutzhülle. Den Schaum erzeugt sie selbst: Mit ihrem Stechrüssel bohrt sie den Pflanzenstengel an und saugt Pflanzensaft heraus, der ihr als Nahrung dient. Einen Teil des Saftes scheidet sie wieder aus und pumpt Luft hinein, sodass er wie schaumiger Speichel aussieht. Auf diese Weise ist die Larve versteckt und davor geschützt, von Feinden gefressen zu werden oder auszutrocknen.

Die Larve lebt so lange in dem Schaumnest, bis nach mehreren Häutungen aus ihr die vollentwickelte grau-grüne Schaumzikade entstanden ist. Diese Schaumzikade verlässt im Juni das Schaumnest, also dann, wenn auch das Wiesenschaumkraut verblüht ist. Sie hüpft dann mit ihren langen Hinterbeinen von Pflanze zu Pflanze.

Die Schaumhäufchen haben dem Wiesenschaumkraut zu seinem Namen Wiesen"schaum"kraut verholfen.

Wiesenschaumkraut

<u>Schüler-Arbeitsblatt</u>

An den Stengeln mancher Pflanzen des Wiesenschaumkrauts kann man kleine Schaumhäufchen entdecken.

Du weißt, wie diese Schaumhäufchen entstehen:

_____

_____

_____

_____

Betrachte die Blüte des Wiesenschaumkrautes genau und zähle die verschiedenen Blüten-teile!

Es hat:

_____ Kelchblätter

_____ Blütenblätter

_____ Staubblätter

zwei davon sind _____

die anderen sind _____

_____ Griffel.

Wenn du von oben auf die Blüte schaust, bilden die Blütenblätter _____.

Vielleicht weißt du jetzt auch, wie die Familie heißt, zu der das Wiesenschaumkraut gehört:

_____.

Wiesenschaumkraut

An den Stengeln mancher Pflanzen des Wiesenschaumkrauts kann man kleine Schaumhäufchen entdecken.

Du weißt, wie diese Schaumhäufchen entstehen:

Eine Schaumzikadenlarve saugt mit Hilfe ihres Stechrüssels Saft aus der Pflanze. In den überschüssigen Zuckersaft, den sie wieder abgibt, bläst sie Luft. Dadurch entsteht Schaum, in dem sie gut geschützt ist.

Betrachte die Blüte des Wiesenschaumkrautes genau und zähle die verschiedenen Blüten-teile!

Es hat:

v i e r Kelchblätter

v i e r Blütenblätter

sechs Staubblätter

zwei davon sind *k u r z*

die anderen sind *l a n g*

e i n e n Griffel.

Wenn du von oben auf die Blüte schaust, bilden die Blütenblätter *ein Kreuz.*

Vielleicht weißt du jetzt auch, wie die Familie heißt, zu der das Wiesenschaumkraut gehört:

Kreuzblütler.

<u>Lehrerinformation</u>

Das Wiesenschaumkraut (Cardamine pratensis) gehört zu den häufigen Pflanzen des Frühjahrs. Große Bestände dieser Pflanze findet man vor allem auf (etwas feuchten) Wiesen, die dann weiß oder blass lila übertupft aussehen.

Als Kreuzblütler (Brassicaceae) zeigt das Wiesenschaumkraut den typischen Blütenbau dieser Familie: vier Kelchblätter, vier Blütenblätter (beide bilden von oben betrachtet ein Kreuz), zwei kurze und vier lange Staubblätter, ein Griffel. Dieser entwickelt sich später zu einer länglichen Frucht, die bei der Reife in zwei Hälften (Fruchtblätter) aufplatzt und in der Mitte eine dünne Trennwand zeigt. Eine solche Fruchtform wird Schote genannt. Die Samen werden beim Aufplatzen der Schote explosionsartig ausgeschleudert.

Wie die meisten Frühblüher besitzt auch das Wiesenschaumkraut die Fähigkeit zur vegetativen Vermehrung: An den Grundblättern können Brutpflänzchen entstehen, wenn "die Blattfiedern feucht lagern oder verletzt werden" (DÜLL/KUTZELNIGG 1992).

Häufig findet man am Stängel des Wiesenschaumkrautes kleine Schaumhäufchen, wovon sich wohl auch der Name der Pflanze ableitet. In jedem Schaumhäufchen findet man eine Larve der Schaumzikade. Diese Insekten saugen Pflanzensaft, der jedoch arm an Eiweißen ist. Um auf ihren Eiweißbedarf zu kommen, müssen die Larven sehr viel Saft saugen. Sie erhalten dadurch einen Überschuss an Kohlenhydraten, den sie als Zuckersaft wieder ausscheiden. Indem sie in den ausgeschiedenen Saft Luft einblasen, nutzen sie diesen als schützende Schaumhülle, z.B. damit sie nicht von einem Vogel gefressen werden.

Zwar ist das Wiesenschaumkraut nicht die einzige Pflanze mit solchen Schaumballen, aber keine andere Pflanze weist mit ihrem Namen auf den speichelartigen Schaum hin.

<u>Literatur- und Abbildungsnachweis:</u>

DÜLL/KUTZELNIGG 1992; Abb.: Archiv der Autoren

LITERATUR

ANONYMUS (1992):　　　　　　　Schlank, fit und gesund. - Erfolgsrezepte für Genießer. - Liechtenstein.

ASCHERSLEBEN, R. (Hrsg.) (1986):　Moderner Frontalunterricht. Neubegründung einer umstrittenen Unterrichtsmethode. - Frankfurt a.M.

BARDORFF, W. (1962):　　　　　Blick ins Buch der Natur - Das große Bestimmungsbuch für Pflanzen und Tiere. - Berlin.

BÄSSLER, F. (1963):　　　　　　Heilpflanzen erkannt und angewandt. - Radebeul.

BELLMAN, H. (1985):　　　　　　Heuschrecken: beobachten, bestimmen. - Melsungen; Berlin; Basel; Wien.

BERCK, K.-H. (2009)　　　　　　Artenkenntnisse wozu - Naturbegegnung was ist das? Ein Abgesang für den Biologieunterricht?. – Der Mathematische und Naturwissenschaftliche Unterricht 62: 68-71.

BERCK, K.-H. u. ERBER, D. (1993):　Hagebuttentee und Hermelinmantel. Vermittlung von Artenkenntnissen mit der Artensteckbrief-Methode in der Primarstufe (1.-4. Schuljahrgang) - Unterricht Biologie 17 (Heft 189): 14-17.

BERCK, K.-H. u. Graf, D. (2010):　Biologiedidaktik – Grundlagen und Methoden (vierte Auflage) . - Wiebelsheim

BERCK, K.-H. u. KLEE, R. (1992):　Interesse an Tier- und Pflanzenarten und Handeln im Natur-Umweltschutz. - Frankfurt a.M.

BERTSCH, A. (1975):　　　　　　Blüten - lockende Signale. - Ravensburg.

BLAUSCHECK, R. (1989):　　　　Amphibien und Reptilien Deutschlands. - Hannover.

BÖHME, W. (1984):　　　　　　Handbuch der Reptilien und Amphibien Europas. Bd 2/I. - Wiesbaden.

BURTON, M. (o.J.):　　　　　　Reptilien - wie sie leben. - Gütersloh.

CAMPBELL, N. A. U. REECE, J. B. (2006): Biologie (sechste Auflage). – München.

CRAMER, E. (Hrsg.) (1957):　　Sammlung naturkundlicher Tafeln: Mitteleuropäische Pflanzenwelt: Kräuter und Stauden. - Hamburg.

CRAMER, E. (Hrsg.) (1958):　　Sammlung naturkundlicher Tafeln: Säugetiere. - Hamburg.

CRAMER, E. (Hrsg.) (1960):　　Sammlung naturkundlicher Tafeln: Mitteleuropäische Pflanzenwelt: Sträucher und Bäume. - Hamburg.

CRAMER, E. (Hrsg.) (1961):   Sammlung naturkundlicher Tafeln: Mittel-
                                  europäische Insekten. - Hamburg.

CRAMER, E. (Hrsg.) (1962):   Sammlung naturkundlicher Tafeln: Mittel-
                                  europäische Vögel. - Hamburg.

CREUTZ, G. (1964):   Taschenbuch der heimischen Singvögel. -
                                  Leipzig.

DIRCKSEN, R. u. DIRCKSEN, G. (1960):   Tierkunde. II. Bd. Wirbellose Tiere. -
                                  München.

DÜLL, R. u. KUTZELNIGG, H. (1992):   Botanisch-ökologisches Exkursionsbuch. -
                                  Heidelberg.

ENGELMANN, W.-E. u.a. (1986):   Lurche und Kriechtiere Europas. - Stuttgart,
                                  S. 238; 252-257.

EWALD, E. u. VENZL, E. (1969):   Pflanzenkunde Bd. 1. - München.

FELIX, J./TOMAN, J./HISEK, K. (1984):   Der große Kosmos-Naturführer. Unsere Tier-
                                  und Pflanzenwelt. - Stuttgart.

FROHNE, D., PFÄNDER, H.J. (1987):   Giftpflanzen - Ein Handbuch für Apotheker,
                                  Ärzte, Toxikologen und Biologen, 3. Aufl. -
                                  Stuttgart.

GARMS, H. (1970):   Die Natur, Bd. 2 (7./8. Schuljahr). - Braun-
                                  schweig.

GDSU (Hrsg.) 2013   Perspektivrahmen Sachunterricht. – Bad
                                  Heilbrunn.

GOODWIN, D. (1976):   Crows of the world. - London.

GÖSSWALD, K. (1959):   Die Rote Waldameise im Dienste der
                                  Waldhygiene. - Lüneburg.

GÖSSWALD, K. (1985):   Organisation und Leben der Ameisen. -
                                  Stuttgart.

GRAF, K. (1975):   Tafelwerk zur Pflanzensystematik. -
                                  München.

GRASHOFF, M. (1964):   Die Kreuzspinne Araneus pallidus - ihr
                                  Netzbau und ihre Paarungsbiologie. -
                                  Natur und Museum 94: 305-314.

HAGER, P. (1972):   Die Kreuzspinne - Naturwissenschaft im
                                  Unterricht Biologie 20: 265-274.

HENNIG, R. (1972):   Das Schwarzwild. - Hannover.

HÜBER/THORSON (1988):   Akustische Verständigung bei Grillen. -
                                  Biologie des Sozialverhaltens: Kommuni-
                                  kation, Kooperation und Konflikt. - Heidel-
                                  berg

HUMPHRIES, C.J., PRESS, J.R. u. SUTTON, D.A. (1982): Der Kosmos-Baumführer. -
                                  Stuttgart.

IMMUNO GmbH (Hrsg.) (1993): Patienteninformation für Apotheken (Januar 1993): Die Hirnhautentzündung nach Zeckenstich (FSME). - Heidelberg.

JANSSEN, W. (HRSG.) (1993): Formenkenntnis - wozu? - Unterricht Biologie 17 (Heft 189).

JAHN, J. (1972): Kleine Terrarienkunde. - Minden

JUNGFER, W. (1954): Die einheimischen Kröten. - Wittenberg.

KEVE, A. (1969): Der Eichelhäher. - Wittenberg.

KILIAS, R. (1985): Die Weinbergschnecke. - Wittenberg.

KMK (2005) Bildungsstandards im Fach Biologie für den Mittleren Schulabschluss. – München.

KOLLER, G. (1956): Die wildlebenden Säugetiere Mitteleuropas. - Heidelberg.

KUGLER, H. (1970): Blütenökologie. - Stuttgart.

MAYER, J. (Hrsg.) (1992): Formenvielfalt im Biologieunterricht. Ein Vorschlag zur Neubewertung der Formenkunde. - Kiel: Inst. f. Pädagogik der Naturwissenschaften.

MAYER, J. (Hrsg.) (1995): Vielfalt begreifen - Wege zur Formenkunde. - Kiel: Inst. f. Pädagogik der Naturwissenschaften.

NATUSCHKE, G. (1960): Heimische Fledermäuse. - Wittenberg.

NIETZKE, G. (1963): Die Weinbergschnecke. - Stuttgart.

OEHMIG, B. (1991): Die Brennessel - Monographie einer verfemten Pflanze - Unterricht Biologie 165: 48-54.

PERRINS, C. (1987): Vögel: Biologie, Bestimmen, Ökologie. - Hamburg.

PODLECH, D. (1988): Beeren - Essbare und giftige Beeren kennen- und unterscheiden lernen. - München (GU Kompass).

RAHMANN, H. (1988): Rabenvögel - Ökologio und Schadwirkung von Eichelhäher, Elster und Rabenkrähe. - Weikersheim.

SCHERF, G. (1986): Zur Bedeutung pflanzlicher Formenkenntnisse für die schützende Einstellung gegenüber Pflanzen und zur Methodik des formenkundlichen Unterrichts. - Münchner Schr. z. Didaktik d. Biologie 3.

SCHRÖDER, H. (1973): Lurche und Kriechtiere in Farben. - Ravensburg.

SCHULTE, R. (1984): Frösche und Kröten. - Stuttgart.

SCHULZE, A. (1988): Vögel in Garten, Park und Wald. - Ravensburg.

SCHWIND, D. (1992): Mit Salatöl Autos fahren. - Monatsmagazin NEUE STADT, Nr. 4.

SENTHLAGE, K. (1967): Das Schwarzwild. - Hamburg, Berlin.

SIELMANN, H. (1981): Das Wild unserer Wälder und Felder. - Hamburg.

WALTER, G. (1986): Parasiten-Luftbrücke. - Kosmos 82 (Heft 4): S. 68-69.

WERNER, E. (1979): Die Zecke in ihrer Beziehung zur Umwelt. - Naturwissenschaft im Unterricht. Biologie 11: 345-346.

WÜST, W. (1957): Tierkunde I. Bd., Wirbeltiere I.Teil: Säugetiere. - München.

WÜST, W. (1959): Tierkunde I. Bd., Wirbeltiere II. Teil: Vögel, Kriechtiere, Lurche, Fische. - München.